AF367810

LE
FUSIL A AIGUILLE

EXTRAIT DU SPECTATEUR MILITAIRE.

Paris. — Imprimerie de E. MARTINET, rue Mignon, 2.

LE
FUSIL A AIGUILLE

NOTES ET OBSERVATIONS CRITIQUES

SUR

L'ARME A FEU SE CHARGEANT PAR LA CULASSE

PAR

GUILLAUME DE PLOENNIES,

Capitaine dans l'armée de la Hesse grand-ducale ;

TRADUIT DE L'ALLEMAND AVEC AUTORISATION DE L'AUTEUR

Par E. HEYDT.

AVEC PLANCHE

PARIS

CH. TANERA, ÉDITEUR

LIBRAIRIE POUR L'ART MILITAIRE, LES SCIENCES ET LES ARTS

Rue de Savoie, 6.

1866

LE

FUSIL A AIGUILLE

NOTES

ET OBSERVATIONS CRITIQUES SUR L'ARME A FEU SE CHARGEANT PAR LA CULASSE.

PRÉFACE.

L'expérience acquise par les belligérants dans les dernières guerres nous a suggéré l'idée de publier cette brochure; elle sert de complément à nos *Nouvelles études sur l'arme à feu rayée de l'infanterie*, dans lesquelles, en partant d'une série de faits et d'arguments, nous avons considéré comme urgente et nécessaire la transformation des armes à feu portatives (1).

Les événements de la récente guerre d'Amérique

---

(1) Le premier volume de ces *Nouvelles études sur l'arme à feu rayée de l'infanterie*, a été traduit en français, par M. Rieffel, ancien professeur aux écoles impériales d'artillerie; le second, par M. Tardieu, ancien capitaine d'artillerie. (T.)

Comme nous aurons maintes fois occasion de renvoyer aux deux volumes de cet ouvrage, cette indication se fera chaque fois en abrégé par: N. Ét. vol. 1 ou 2.

ont en partie justifié ce que nous avions résumé dans nos recherches antérieures (N. Ét., vol. 2, chap. VIII), c'est-à-dire l'utilité de munir le soldat d'un *équipement léger* et d'une *arme à feu se chargeant par la culasse*, au moyen d'une *cartouche spéciale* (Einheitspatrone, cartouche remplissant les conditions d'unité de matériel) et du *plus petit calibre* admissible. Malheureusement le caractère anormal de cette guerre civile, peu instructive pour les armées européennes, contribua à diminuer la valeur de l'expérience qu'on y acquit. La campagne du Schleswig, quoique d'un ordre secondaire, fut plus féconde en renseignements spéciaux, car, conduite suivant les règles de l'art de la guerre, elle fit ressortir, aux yeux des puissances militaires de l'Europe, la signification pratique qui se rattache à une arme à feu se chargeant par la culasse et employée dans des conditions normales, c'est-à-dire devant deux nations alliées qui se distinguent par leur prudence, leur parfaite discipline et leur force morale.

Comme on est généralement d'accord sur la nécessité de créer une arme à feu du plus petit calibre admissible, se chargeant par la culasse au moyen d'une cartouche spéciale, et de tenir compte, autant que possible, de la transformation des armes à feu se chargeant par la bouche, il importait d'examiner de près les considérations relatives à ces deux questions.

Le système à aiguille, abstraction faite de quelques difficultés particulières qu'il présentait, nous parut le mieux convenir à l'étude de notre sujet. Contrairement à nos intentions primitives, nous nous sommes hâté d'émettre notre opinion sur la manière de résoudre ces questions pressantes. En admettant donc que cette précipitation ait influé sur la forme et sur le fond de notre travail, le lecteur voudra bien nous accorder son indulgence pour des motifs d'un ordre particulier. N'ayant aucune relation extérieure, nous nous vîmes privé du matériel officiel prussien, de communications directes de la part de l'inventeur, ainsi que de données spéciales émanant de camarades prussiens et ayant trait au fusil à aiguille. Il eût donc suffi qu'il existât quelque publication sur le fusil à aiguille ou qu'un traité de ce genre dût paraître à notre projet rapproché, pour nous faire renoncer à cette tâche, malgré les encouragements dont on nous honora pour le mettre à exécution.

Notre analyse critique du fusil à aiguille repose moins sur les articles littéraires publiés à propos de cette arme, que sur les résultats des expériences auxquelles celle-ci a donné lieu en dehors de l'armée prussienne. Outre les observations générales de M. le major Rustow, le rapport de Schöns et l'intéressant ouvrage de Gründel, touchant ce système d'arme, nous avons consulté la nouvelle édition sur les armes à feu portatives européennes de M. le capitaine russe Worobioff. Les écrits de Panot, Gillion, Schmœlzl, Gouekler de Gempus et autres, ne nous paraissent pas appuyés sur des bases certaines. Nous avons également trouvé quelques renseignements dans les journaux et les feuilles militaires. Nos anciennes notes personnelles nous avaient été inspirées par un auteur fort recommandable. Afin de mieux faire ressortir le développement technique du système à aiguille, nous avons jugé à propos d'y ajouter quelques détails historiques, et des noms de personnes que nous publions toutefois sous toutes réserves. Le contenu du chapitre V est emprunté à la théorie prussienne. (Maniement et chargement du fusil à aiguille. Berlin, 1860.)

Les généralités relatives à la tactique se trouvent exposées dans les « *Ordonnances royales prussiennes sur les exercices en grand des troupes* », du 29 juin 1861, avec une clarté et une justesse que l'expérience acquise dans ces derniers temps a pleinement justifiées, et qui rendent cette théorie digne d'envie au point de vue de l'art.

Nous avons consigné plus loin ce que nous entendons par le secret prussien. Depuis plusieurs années, les grandes puissances et même des États secondaires, font des expériences avec des fusils à aiguille soit d'origine prussienne, soit imités ou modifiés. Si les résultats de ces épreuves n'ont pas toujours été satisfaisants, cela tient à ce qu'à défaut de la cartouche spéciale prussienne, on a eu recours à des moyens imparfaits pour la remplacer. La faible efficacité de cette cartouche a contribué à enraciner davantage les préjugés qui reposent sur le chargement par la culasse. Le soi-disant secret (très-pénétrable sous bien des rapports) que les Prussiens prêtent à leur fusil à aiguille ne favorisa pas à l'étranger le crédit qu'on devait apporter à cette arme. Ne pouvant découvrir ce secret ni dans le mécanisme ni dans l'amorce, on s'écarta de la marche à

suivre pour se mettre sur sa trace, au lieu de le chercher dans l'empressement que mit le gouvernement
prussien à adopter le système de chargement par la
culasse, dans les soins qui ont présidé à la fabrication
du fusil à aiguille et de sa cartouche et à l'armement
des troupes. Il règne la même analogie dans le matériel de l'artillerie prussienne, bien qu'ici les principes
de construction ne présentent pas le même degré
d'originalité que dans le fusil à aiguille ; néanmoins on
procéda avec tant d'ordre dans la création du nouveau
système de canons, que les premières épreuves donnèrent lieu à de bons résultats.

Le secret prussien peut, suivant nous, se résumer
ainsi :

« Concentration des meilleurs moyens artificiels et
» matériels, emploi de forces se suffisant à elles-mêmes
» et convergeant toutes vers une même résultante. » On
n'a fait qu'un nombre restreint de nouveaux projets;
tous ont été exécutés.

Nous adressons nos remercîments à M. le colonel
Müller, directeur de l'arsenal du grand duché de Hesse-
Darmstadt, pour la sollicitude qu'il a bien voulu nous
témoigner, et les services qu'il nous a rendus dans
cette circonstance ; à M. le lieutenant-colonel Wey-
gand, qui a eu la bienveillance de dessiner plusieurs
gravures ; à M. le capitaine d'infanterie Stamm pour la
traduction du journal russe, et enfin à M. le capitaine
Funck de Bückebourg et à d'autres officiers auxquels
nous sommes redevables de renseignements de tous
genres. Nous exprimons également notre reconnais-

sance à MM. les armuriers Doersch, Baumgarten, Schilling, de Suhl et Lindner de New-York, pour la bonne assistance qu'ils ont daigné nous prêter en répondant par correspondance aux questions que nous leur avions adressées.

Nous terminons cette préface en recommandant notre brochure à la bienveillante indulgence du lecteur.

Darmstadt, 1ᵉʳ janvier 1865.

L'AUTEUR.

CHAPITRE I.

Les seuls et véritables principes à invoquer dans la
tactique de l'infanterie, sont les principes *purement
mécaniques;* si l'on s'abstient parfois d'approfondir
leur théorie, cela tient à ce qu'il est plus commode
d'opérer sur des facteurs inconnus et d'en déduire des
conséquences qui se justifient rarement dans la pratique. L'étude de cette théorie conduirait à des résultats
d'autant plus incertains que c'est le *côté technique* de
l'art de la guerre, et non cet *art proprement dit*, qu'on
peut traiter d'une manière méthodique et déve-
lopper grâce aux améliorations introduites dans les
armées. L'art de la guerre, ainsi que celui de la transformation des armes est *libre*, comme l'art en général;
les qualités de l'artiste, c'est-à-dire du chef militaire
plus ou moins élevé en grade, reposent, d'une part,
sur des dispositions naturelles, et, d'autre part, sur
une connaissance parfaite des formes, dimensions,
poids et forces de l'élément actif ou inerte qu'il s'agit
d'approprier à la guerre. Il importe que dans les questions d'organisation et d'armement des troupes, l'on ne
se hâte point de prononcer un jugement définitif aussi
longtemps que cet élément n'est pas sorti du domaine
de la théorie, et principalement si de nouveaux engins

de destruction sont susceptibles d'y être pris en considération, car l'on ignore comment le nouveau s'ac-
cordera avec l'ancien et atteindra son but dans les
conditions données. Aussi n'est-ce qu'en combinant
les propriétés du fusil se chargeant par la culasse avec
les principes mécaniques qui président à la tactique de
l'infanterie, que l'on se rendra un compte exact de
l'efficacité du tir précipité de cette arme dans des circonstances de guerre.

En première ligne, il y a lieu de considérer le
rendement (leistungsfähigkeit) mécanique de l'homme
moyen en général et du soldat moyen en particulier.
Ce rendement augmente ou diminue naturellement
avec les influences physiques (c'est-à-dire suivant le
plus ou moins grand parti qu'on veut en tirer), mais
ne peut, en prenant pour bases les institutions qui
régissent les armées, s'évaluer que d'après la valeur
normale que l'expérience lui a consacrée. On peut
comparer le soldat à une machine dont on ne doit
exiger qu'un strict produit proportionné à sa taille
et à ses forces, car s'il s'agit dans un cas extrême de
faire sauter la chaudière, il ne manquera pas de com-
bustible pour parvenir à ce résultat.

Le travail mécanique du soldat à la guerre comprend : 1° le transport de son propre poids et celui de
son équipement, pendant un laps de temps qui varie
avec les circonstances, l'état de la route, etc.; 2° le
maniement de son fusil comme arme à feu et de
choc.

Le coefficient de ce travail est plus élevé dans le

premier cas que dans le second, et doit se prélever, pendant les marches et les manœuvres, sur la totalité des forces, de sorte que l'action du soldat dans les feux ou dans une charge à la baïonnette se bornera au restant de ses forces. Il est certain que dans la pratique l'on n'attache pas une importance suffisante à ce reste de forces qui très-souvent est absorbé au point que l'homme ne peut y suppléer que par de vains efforts; l'expérience acquise dans les guerres récentes a confirmé ce fait et provoquera tôt ou tard un changement. Dans l'état actuel de l'équipement des troupes, le soldat est tellement sujet à épuiser ses forces en campagne, qu'il ne suit qu'avec difficulté les mouvements qui se font sur le champ de bataille; inutile de parler du parti qu'il peut tirer de son arme. Nous avons maintes fois déjà, et entre autres dans la *Gazette militaire générale*, exposé cette vérité en nous appuyant sur des arguments positifs.

On admet qu'en Europe le fantassin porte un poids moyen de 60 livres et peut faire de 6 à 7 lieues par jour en marchant d'un pas modéré sur un terrain horizontal; une nourriture abondante et un repos convenable ne doivent pas lui faire défaut dans ces circonstances. Des routes accidentées et mal entretenues, des marches forcées, le mauvais temps, contribueront à abréger la durée du rendement normal. Nul doute qu'il existe déjà une différence très-sensible dans l'équipement des différentes armées européennes; ainsi les infanteries anglaise, autrichienne et russe principalement ont un équipement plus léger et mieux approprié que celles de la France, de la Prusse et des contingents de l'Allemagne centrale. Voici les principes sur lesquels il y aurait lieu d'appuyer les modifications à introduire dans l'équipement : le soldat doit être chargé du *tiers* seulement de son propre poids, c'est-à-dire d'environ 22 kilogrammes. On peut compter 6ᵏ.5 pour l'habillement comprenant, outre les vêtements de corps, une bonne chaussure, une coiffure légère (analogue à celle adoptée par les Russes), et un large manteau—et 5 kilog. pour le fusil avec baïonnette ordinaire et fourreau de baïonnette ; ce qui ramène la différence à 10ᵏ,5. Ce restant de poids dont la bonne répartition influe au plus haut point sur la mobilité du soldat et par conséquent sur celle des troupes en général, doit satisfaire à deux exigences de la plus haute importance : 1° le transport des vivres et ustensiles de campement nécessaires à l'entretien de la machine ; 2° celui d'une quantité suffisante de cartouches. Dans le premier cas, on peut se contenter d'un poids de 4ᵏ,25 en supposant que les marmites se trouvent sur la voiture de la compagnie ; dans le second cas, le chargement doit se réduire à 5 kilog.. vu que les 5ᵏ,25 restants représentent le poids d'un havre-sac léger (1) (de 1ᵏ,50), celui des accessoires du fusil et de la giberne avec ceinturon. D'autres objets tels que tentes, outils, couvertures, peaux, vivres d'approvisionnement,

(1) Rien n'est plus intolérable qu'un havre-sac trop lourd tel que celui du poids de 2ᵏ,4 avec garniture intérieure en bois qui se trouve sur le dos du fantassin. De cette manière on gaspille environ 11 pour 100 du poids total du chargement pour les porter sur un

etc., viendront, suivant les circonstances, prendre place parmi ceux déjà cités. Il y a donc une raison de plus pour faire rentrer le poids total du chargement dans les plus strictes limites, afin de pouvoir, au besoin, le grossir de quelques kilogrammes sans surcharger le soldat. Nous sommes loin de désapprouver le principe qui consiste à mener le soldat jusqu'aux derniers degrés du possible ; les annales militaires citent maints exemples où des hommes intrépides sous la conduite de chefs audacieux ont fait des prodiges malgré les plus fortes privations ; l'histoire des guerres futures enregistrera encore des faits de ce genre, mais pour les accomplir, il faudra *ménager ses forces* et choisir les *circonstances favorables* pour combattre.

Il existe une relation très-intime entre les principes dont il a été question plus haut, sur lesquels repose la tactique, et les propriétés du fusil à aiguille et de sa cartouche. Un équipement léger et bien approprié est de rigueur avec une bonne arme à feu se chargeant par la culasse ; il est déjà difficile d'obtenir du soldat accablé de fatigue et manœuvrant devant l'ennemi un tir tant soit peu passable ; à plus forte raison, s'il s'agit d'un tir précis que la majorité des hommes est incapable de fournir. Même une infanterie légèrement équipée et conduite suivant les règles de la tactique,

objet qui n'a aucun rapport direct avec les services de l'homme et de son fusil et dont le poids égale la moitié de celui des objets nécessaires qu'il renferme. Parmi les articles de nettoyage, la graisse seule est utile et indispensable. Les brosses doivent être réparties entre les hommes et non laissées au complet à chaque soldat comme s'il entrait seul en campagne.

consumera ses meilleures forces dans les marches, et sera impropre à l'exécution efficace des feux, soit que ces derniers aient lieu dans l'intervalle des mouvements, ou exceptionnellement pendant leur durée. Il importe donc essentiellement, dans les deux cas, que le soldat trouve dans son fusil une force supplémentaire (celle de la poudre) qui lui vienne en aide et compense l'ébranlement de ses ressources physiques. Une arme à feu est d'autant plus précieuse qu'elle se rapproche davantage d'une machine qui peut se suffire à elle-même. Cette considération repose sur les conditions suivantes : 1° Approvisionnement aussi considérable que possible en cartouches, sans que le poids de ces dernières dépasse les limites admissibles, car c'est dans la cartouche que réside la force supplémentaire dont il vient d'être question ; 2° maniement simple et commode du fusil ; 3° efficacité de tir aussi indépendante que possible de l'exactitude dans la manière de viser (cette dernière qualité qui constitue l'adresse du tireur, quoique précieuse, n'est pas indispensable à chaque soldat, et s'applique de préférence aux troupes d'élite).

Relativement au premier cas, 3 kilogrammes de munitions peuvent renfermer de 70 à 130 cartouches d'infanterie, savoir : 70 à 75 cartouches russes, françaises, prussiennes, du poids d'environ 40 à 42 grammes chacune (à l'exception de la cartouche affectée à la carabine française qui pèse 50 grammes), ou 90 à 92 cartouches autrichiennes, saxonnes et allemandes (des États du Sud), ou 130 cartouches suisses. Dans le se-

cond cas, une bonne arme à feu se chargeant par la
culasse, au moyen d'une cartouche spéciale, a une
grande supériorité sur les autres systèmes, tandis que
parmi les armes se chargeant par la bouche, les fusils
russe, français et italien possèdent les avantages qui
se rattachent à un vent plus considérable. Quant au
troisième cas, le tir tendu mérite la préférence, et
dans les modèles cités, cette tension des trajectoires est
presque en raison inverse du poids des balles. Il convient en outre de considérer les facilités que l'on a
pour viser, et sous ce rapport les fusils russe, suisse et
suédois l'emportent sur les armes à feu anglaise, prussienne et autrichienne dont les systèmes de hausse sont
trop compliqués, et aussi sur les armes française et
italienne, qui sont trop imparfaites de ce côté.

Une arme à feu qui satisferait à un haut degré aux
deux premières conditions posées ci-dessus, passerait
pour une arme à feu supérieure pour trois raisons,
savoir : par la promptitude de son chargement, par
son tir indépendant de la position du tireur, et enfin
par l'exécution rapide des feux.

Ce chargement presque instantané renforcera le
moral du soldat et influera puissamment sur le succès de la campagne. Il faut peu de chose quelquefois
pour décider de la victoire, et en pareille circonstance,
les minutes et les secondes sont précieuses. Le soldat,
une fois pénétré de la valeur de son arme aux petites
distances, sera moins tenté de dissiper ses munitions
aux grandes, ainsi qu'il est disposé à le faire lorsque
l'ennemi prend l'offensive. S'il est vrai que le soldat

prussien possède cette confiance dans son arme, ce fait exagéré ou non n'en serait pas moins le fruit de la dernière campagne. Il est aisé de faire comprendre au fantassin que le sort d'une bataille ne peut se décider à mille pas, et que l'efficacité du tir rapide grandit avec la diminution des distances. La théorie française sur l'impuissance des armes de précision aux petites distances était juste, et avait sa raison d'être à l'époque où elle parut. S. M. l'Empereur, avec la haute raison qui le caractérise, ne manquera pas de viser à de nouvelles théories appropriées aux circonstances actuelles, car il n'est pas facile de charger à la baïonnette sous un feu soutenu et rapide; l'effet meurtrier de la fusillade fera échouer la tentative la plus audacieuse. L'attaque à la baïonnette ne sera possible que dans le cas où le tir rapide cessera avant la fin de l'action, ou ne pourra avoir lieu pour une cause quelconque. Si cette règle a eu des exceptions, même avec de vaillantes troupes, cela tient à ce que le soldat n'était pas suffisamment pénétré de la valeur de son arme. Du jour où l'on parviendra à lui inculquer cette confiance, les ressources actuelles pour faire la guerre auront fait leur temps.

Nous avons considéré (N. Ét., vol. 1) comme une des grandes qualités du fusil se chargeant par la culasse, la facilité du chargement dans toutes les positions du tireur, et fait ressortir (N. Ét., vol. 2) les avantages qui se lient au tir à genou et à celui par terre. Les feux de l'adversaire perdront d'autant plus de leur efficacité que l'on peut considérer ces deux genres de tir comme

les équivalents d'une augmentation de distance ; le
tireur y présente un but plus concentré et moins
exposé aux coups de l'ennemi. De plus, dans le tir à
genou et dans celui par terre, le soldat peut élever son
arme respectivement de 50 centimètres, et d'un mètre
au-dessus du sol, sans dépasser la limite extrême de la
moyenne taille de l'homme. On connaît les difficultés
inhérentes au chargement par la bouche dans la position à genou ; personne n'ignore que le chargement par
la culasse se prête même au tir par terre, pourvu qu'il
n'entre dans l'équipement du soldat aucun objet d'une
nature incommode, tel que lourde coiffure, sabre, etc.
Il existe un rapport très-intime entre l'efficacité du
tir rapide et le poids des munitions. Si le fantassin
est muni de 120 cartouches, dont la majeure partie,
contenue dans le sac, puisse s'extraire facilement, il ne
dissipera certainement pas cet approvisionnement, ce
qui constitue une des principales objections que l'on
ait élevées contre le fusil à aiguille. Une pareille crainte
n'a plus de raison d'être, et repose entièrement sur
l'ancienne routine pour faire la guerre, et dans laquelle on n'a pas réduit à sa juste valeur l'effet qu'on
peut produire avec les armes à feu actuelles. Les infanteries de notre époque, nous dira-t-on, sont armées
de fusils dont l'efficacité, quoique faible, diffère peu
d'une arme à l'autre, et les combinaisons tactiques
seules doivent décider du succès de la campagne. Mais
nous remarquerons que le principe si simple et qui ré-
sume en lui tout l'art de la guerre, savoir : « *La concentration de forces supérieures sur les points les plus*

favorables », s'applique non-seulement au nombre, mais encore à la qualité des troupes et aux armes qu'elles possèdent; toute l'action réside dans ces deux points. On ne peut obtenir une plus grande mobilité, et par suite une plus grande intensité dans le choc, qu'en donnant au soldat un équipement léger, et en renforçant son moral; la supériorité des feux repose également sur un armement plus favorable. Grâce à ces améliorations, l'on augmentera donc considérablement les ressources offensives d'une troupe numériquement égale et même inférieure à l'ennemi.

On a souvent objecté que le fusil rayé exige de la part du tireur une bien plus grande adresse que le fusil lisse. Mais un maniement régulier de l'arme n'a-t-il pas plus de raison d'être de nos jours qu'à une époque où le fusil peu perfectionné ne justifiait pas un exercice convenable? La manière de combattre du soldat a donc changé, et il convient de tenir compte de cette différence dans les combinaisons tactiques. Si une troupe d'infanterie produit un tir plus efficace, soit par un meilleur usage de ses armes et les trajectoires plus tendues des balles, soit par une exécution plus rapide des feux, ou par l'ensemble de ces différents moyens, il en résultera qu'*une lutte acharnée de courte durée fera éprouver à l'ennemi les mêmes pertes qu'il aurait essuyées dans les circonstances ordinaires, par suite d'un tir long et incertain.* Quant au moral du soldat, on ne saurait trouver une meilleure occasion d'en parler. Une troupe qui aurait combattu dans les conditions précédentes aurait certainement puisé une certaine dose d'énergie. N'est-ce pas à celui qui a déjà remporté un premier avantage, grâce à la supériorité de ses feux, et qui voit devant lui un ennemi ébranlé, de recourir à la baïonnette, surtout si l'avantage d'un équipement léger se joint à ce concours de circonstances favorables? L'histoire des guerres ne cite pas d'exemple qui prouve qu'il faille consommer toutes ses munitions pour vaincre et arriver à un résultat que l'on peut obtenir au moyen d'une certaine quantité de cartouches. Ce qui prête généralement à croire à la dissipation des munitions, c'est la tendance du fantassin, sitôt qu'il est abandonné à lui-même, de brûler jusqu'à sa dernière cartouche. Mais dès qu'on admet que le soldat est exercé, non-seulement au maniement de son fusil mais encore au tir, il est indubitable qu'il profitera de l'instruction qu'on lui aura donnée et rendra de bons services dans les feux. Il sera même apte à apprécier les distances et à juger par exemple si un objet se trouve à plus ou moins de quatre cents pas de lui et s'il peut l'atteindre.

Dès que le soldat sera en état de comprendre ces premières notions, et pas davantage, il possédera une instruction suffisante ; le tir rapide atteindra son but et influera sur un prompt succès. Ainsi qu'on l'a observé, l'histoire militaire manque malheureusement d'exemple où la victoire soit due, non à quelque attaque hardie ou à un grand déploiement de forces sur des points stratégiques, mais uniquement aux pertes que l'on essuya de part et d'autre par le feu. Un ennemi ingénieux, placé en face de forces supérieures,

comprendrait le parti qu'il pourrait tirer des feux ra-
pides. L'expérience ne prouve pas plus que ce sont les
corps d'infanterie ou les batteries d'artillerie dont
le tir est le plus efficace, qui consomment le plus
de munitions dans le cours d'une campagne, qu'elle ne
démontre que c'est la cavalerie dont la course est la
plus longue, qui produit le meilleur choc. Le poids
de la cartouche prussienne actuelle diffère peu de
celui de l'ancienne ; nous avons indiqué de quelle
manière on pourrait, grâce aux améliorations introduites dans l'équipement du soldat et dans la fabrication de la cartouche, doubler le chiffre de l'approvisionnement ; cent vingt cartouches suffisent pour
atteindre ce but. Comme le soldat peut faire cinq fois
feu par minute avec le fusil à aiguille, il s'ensuivrait,
théoriquement parlant, qu'au bout de vingt-quatre
minutes toutes ses munitions seraient épuisées ; mais
il n'en est pas de même dans la pratique. En premier
lieu, il serait difficile d'exécuter un pareil tir avec le
fusil à aiguille ; n'oublions pas qu'il faut extraire de la
giberne et du havresac les cartouches qui y sont contenues et que cette opération, y compris celle de défaire les paquets, ne se fait pas instantanément. En
second lieu, le mécanisme de fermeture ne manque-
rait pas d'attirer pour quelques instants l'attention du
tireur, sans compter le temps qu'il faut pour viser, ne
fût-ce que médiocrement. En admettant donc que le
fantassin eût à apprécier la distance et à viser avec
une certaine exactitude, il lui faudra au moins trois
quarts d'heure dans le tir individuel et près d'une

heure dans les feux de masse pour consommer ces cent vingt cartouches. Supposons maintenant qu'une troupe d'infanterie, engagée dans une affaire sérieuse, se trouve, après avoir brûlé toutes ses cartouches, dans l'impossibilité d'en obtenir d'autres ou d'avoir recours à la baïonnette ; son tir n'en aurait pas moins produit un grand effet, et contribué pour une large part au gain de la bataille. En admettant que dans un tir médiocre on n'obtienne qu'un bon coup sur cinquante, ce qui fait 98 pour 100 de coups nuls! La troupe dont il vient d'être question aurait fait essuyer à l'ennemi des pertes dont le chiffre dépasserait celui de son propre effectif avant l'action. Ce résultat serait bien supérieur à celui du tir moyen ordinaire, vu qu'il faut habituellement compter sur un ennemi au moins égal en nombre, et que l'on ne peut guère se proposer, dans ce cas, de lui mettre hors de combat un nombre d'hommes supérieur à celui de ses propres forces. Cette considération si simple s'adresse surtout à ceux qui, sans plan arrêté, rejettent le tir rapide de l'infanterie et posent comme condition fondamentale celle de traîner l'action en longueur. On nous répondra peut-être que si la puissance du tir est égale de part et d'autre, les pertes réciproques seront si grandes qu'il deviendrait impossible de continuer un pareil carnage pendant trois quarts d'heure, en admettant qu'il n'y ait que 2 pour 100 de bons coups, ou en d'autres termes, l'approvisionnement en cartouches serait plus que suffisant pour s'entre-détruire. Cette objection, quoique faible, est juste; mais nous remarquerons que le succès tient généralement à des opérations moins conséquentes. Il se peut que les défenseurs d'une forte position retranchée, en luttant héroïquement contre des forces supérieures, soient réduits à la dernière extrémité par suite des pertes que l'ennemi leur aura infligées. La poignée d'hommes qui resterait debout pourrait, en continuant de tirer avec les cartouches des blessés et des morts, faire payer à l'adversaire par deux ou trois victimes, la vie de chacun de leurs camarades; mais les choses ne se passeront pas ainsi et le dénoûment sera plus prompt. Le vide que produira dans les rangs ennemis un homme mis hors de combat sur dix exercera sur les neuf autres une influence morale que tous subiront, sauf de rares soldats bien trempés. Une troupe bien organisée et s'appuyant sur la puissance de son tir, perdra trois et quatre hommes sur dix sans reculer, à condition que ces pertes soient le résultat de plusieurs engagements. Mais si, dans une même affaire et au bout de peu de temps, l'ennemi perd le tiers de son monde, il se manifestera une telle démoralisation dans ses rangs, que les soldats les plus intrépides seront disposés à fléchir. Et quelle débandade, lorsque ce tir rapide sera dirigé contre l'artillerie ou la cavalerie !

Telles sont les considérations qui nous font attacher un si haut prix, non pas à une fusillade continuelle et sans but, mais aux feux dont l'efficacité consiste dans le chargement presque permanent des armes et dans une série rapide de coups visés convenablement. Suivant les phases de la lutte, un approvisionnement de cent vingt cartouches suffira à six et même à dix engagements partiels.

Les premiers avantages auront une telle portée, qu'ils influeront au plus haut point sur les opérations de la campagne. Inutile de dire que le général en chef, ainsi que tout commandant de troupes, devra prendre une prompte détermination pour mettre ses projets en harmonie avec la tactique actuelle, qui consiste à livrer des batailles à coups de feu; ces chefs ne manqueront pas dans le parti vainqueur.

N'oublions pas que les morts et les blessés ne font plus feu, et que pour se faire une idée des pertes qui auront été infligées à l'ennemi, il suffira de savoir à quel moment de l'action celui-ci aura commencé son mouvement de retraite. Cette considération prouve qu'il y a toujours avantage de faire sentir à l'adversaire la supériorité du tir, toutes les fois qu'on en a les moyens en main. Chaque tireur est un but, mais l'on peut, grâce à un tir plus rapide et plus juste, opposer à l'ennemi une puissance de tir égale et même supérieure à la sienne, et réduire considérablement la surface vulnérable qu'on lui présente; nous faisons même abstraction ici du tir à genou et de celui par terre, auxquels le chargement par la culasse se prête mieux que tout autre.

Pour bien se pénétrer des grands avantages du tir rapide en toutes circonstances, il suffirait d'examiner jusqu'à quel point une bonne arme à feu se chargeant par la bouche est susceptible de donner une efficacité égale ou même supérieure à celle qui se charge par la culasse. Relativement à la construction et spécialement au calibre des armes à feu du premier système, l'expérience a démontré que la probabilité de tir est pour chaque coup, surtout aux petites distances, un peu plus grande que celle du fusil à aiguille avec les fusils de l'Allemagne méridionale, et bien supérieure à toutes les distances avec la carabine suisse.

Les résultats d'autres comparaisons ont permis de constater que dans un laps de temps limité et court, comme celui qui peut correspondre à la durée d'un engagement décisif, l'excédant des coups tirés avec le fusil à aiguille prussien, compense au moins l'infériorité de cette arme par rapport au tir rasant des deux autres fusils, et en admettant que la vitesse du tir ne soit que comme 1, 2. Or, le tir rapide impliquant la nécessité d'avoir une réserve suffisante de cartouches légères, on est forcé d'en venir à une arme d'un petit calibre qui permettra d'obtenir des trajectoires plus tendues, et donnera au chargement par la culasse, au moyen d'une cartouche analogue à la prussienne, un mérite incontestable. Observons en outre que tout accroissement du champ du tir de la hausse fixe serait extrêmement précieux ; on pourrait donc augmenter d'une centaine de pas le coup rasant de la première ligne de mire du fusil à aiguille prussien et agrandir d'environ 150 pas les bonnes portées de cette arme, ou, en maintenant ce qui est fait, rendre le tir de ce fusil encore plus efficace dans un cas extrême. Nous prouverons dans le chap. IV que le système de hausse adopté pour le fusil à aiguille est trop compliqué et ne répond pas au caractère général de cette arme.

Quant à la question de savoir jusqu'à quel point le tir précis est praticable en campagne, nous pensons avoir fait suffisamment ressortir (N. Ét., 2ᵉ vol., ch. III et V) que (en raison de la compensation qui existe entre les longueurs de dispersion et les erreurs commises dans l'appréciation des distances et dans la manière de viser), il n'y a guère lieu de compter sur un résultat favorable. Toutefois le but que l'on doit se proposer à la guerre ne consiste pas à obtenir un tir de précision qu'il n'appartient qu'à quelques troupes d'élite d'exécuter, mais à mettre la majorité des soldats à même de tirer convenablement. Ce qui donne de la valeur aux feux de masse, ce n'est pas un tir plus ou moins bien exécuté, mais un tir *bon en général*. Le fantassin doit apprendre à viser promptement, c'est-à-dire pendant deux ou trois secondes au plus ; le surplus de temps qu'il mettrait à cette opération n'influerait en rien sur l'efficacité du coup. L'appréciation des distances, et notamment celle des grandes, constitue un point digne d'une plus haute importance ; une supériorité sous ce rapport l'emporterait sur celle que l'ennemi pourrait avoir, soit dans un chargement plus rapide des armes, soit dans un système de hausse moins compliqué, soit dans un tir plus tendu, ou enfin dans la réunion de ces différents avantages. Cette considération mérite une attention spéciale dans l'instruction du soldat ; néanmoins l'appréciation des grandes distances comme celles qui correspondent aux armes rayées, offre de si grandes difficultés, même

sur un terrain de manœuvre, qu'on ne peut guère
espérer de former le soldat à cette école. En second
lieu, il serait peu profitable au métier des armes, de
consacrer un temps long et précieux à une instruction
qui est au-dessus de la moyenne dose d'intelligence des
soldats, et de chercher à réaliser un progrès auquel on
ne peut arriver que par des moyens mécaniques ou
par le perfectionnement du matériel, sans qu'il y ait
complication. On rencontrerait ici les mêmes difficultés que celles qui se présentent dans la recherche
d'une arme à feu parfaite. De là deux questions à
résoudre : 1° de créer un fusil qui, grâce à la rapidité
de son tir et aux trajectoires tendues de ses balles,
permettra de faire abstraction des erreurs commises
dans l'appréciation des distances et de donner à la
majorité des soldats l'instruction suffisante ; 2° de faire
cette instruction rapidement en se servant d'un bon
instrument propre à vérifier les distances, et d'inculquer
à chaque soldat les notions nécessaires du tir à hausse
fixe et du tir en général. Dès que le fantassin sera à
même (et il y arrivera) d'apprécier, dans toutes les circonstances, la distance qui le sépare, par exemple, d'un
objet placé à 400 pas, il aura fait un immense progrès.
Ce premier succès obtenu, on lui enseignera la limite
extrême de l'appréciation des distances, qui est d'environ 800 pas ; quant aux distances intermédiaires, il
apprendra facilement à se servir des divisions du clapet
de la hausse. Nous ne croyons pas qu'après une bonne
série de leçons, la moyenne classe des tireurs se servira
néanmoins de hausses et de points de mire différents.

Dans les « Ordonnances royales prussiennes sur les exercices en grand des troupes », on se propose d'atteindre trois buts fondamentaux pour donner au fusil à aiguille l'efficacité dont il est susceptible à la guerre, savoir : 1° d'attirer l'ennemi dans une lutte à coups de fusil, et de le forcer à y rester le plus longtemps possible; 2° de l'amener en rase campagne ; 3° de combattre vaillamment, mais de telle sorte que pour obtenir un grand et prompt succès, on soit constamment à même de pouvoir déployer un large front de bataille. Ces différents buts concordent avec les considérations que nous avons présentées précédemment, on pourrait même ajouter au deuxième que le fusil se chargeant par la culasse jouit également d'une grande supériorité dans les pays accidentés; en effet, son tir s'exécute dans toutes les positions, et par suite du chargement commode de l'arme, le soldat offre moins de prise aux coups de l'ennemi. Rien n'empêchera donc, dans les petits engagements ou dans une affaire sérieuse, de garnir chaque bosse de terrains ou tous les points importants du champ de bataille d'un plus grand nombre de tireurs placés côte à côte, ou les uns derrière les autres. Les feux de rang auxquels nous attachons une haute importance seront plus faciles à exécuter et pourront être renforcés, dans le cas où il s'agira de résister à une charge de cavalerie, par des hommes placés soit à genou, soit par terre, devant le front de bataille. L'on ajouterait ainsi à la supériorité des feux, non-seulement au moyen de la grande efficacité de l'arme en question, mais encore par la faculté dont on disposerait de concentrer un grand nombre de tireurs sur un même point. Partant de là, une troupe armée de fusils se chargeant par la culasse aura un avantage incontestable sur celle qui possédera des armes se chargeant par la bouche. De simples détachements suffiront pour faire des reconnaissances, occuper l'ennemi et entreprendre toutes sortes d'opérations analogues et de second ordre. Rien n'empêcherait de prolonger la lutte et de ménager ses forces en déployant en lignes minces des tirailleurs qui exécuteraient un feu rapide; mais il n'est pas dans l'intérêt de celui qui a entre les mains des moyens si puissants pour battre son adversaire, de prendre de pareilles dispositions.

Dans les «Ordonnances royales prussiennes», on considère la vitesse de tir du fusil à aiguille comme trois fois plus grande que celle du fusil qui se charge par la bouche, c'est-à-dire 4 à 5 coups par minute contre 1,5. Pour se faire une idée de la différence d'effet à produire avec les deux systèmes d'arme, il suffit d'observer que dans le tir isolé, on met 40 secondes dans le premier cas, et 15 secondes dans le dernier, pour faire feu et respectivement une minute et 20 secondes dans les feux de masse. Il serait même possible, dans une circonstance critique, d'augmenter cette vitesse de tir du fusil à aiguille, mais peut-être aux dépens de la justesse.

Les grands avantages qui, d'après les considérations précédentes, ressortent du fusil à aiguille, et mieux encore de sa combinaison avec le petit calibre, repo-

sent sur les conditions indispensables d'un bon système
d'obturation, donnant dans un feu soutenu des garanties suffisantes comme résistance et n'exigeant pas des
réparations trop fréquentes dans le cours d'une campagne.

Les nombreux essais que l'on fait actuellement
permettront bientôt de savoir à quoi s'en tenir à ce sujet.
Les résultats obtenus jusqu'à ce jour avec le fusil à aiguille sont favorables, bien que la fermeture de la culasse
et celle du canal de l'aiguille laissent encore à désirer.
Si l'on parvient à remédier à ce côté faible, le fusil à
aiguille sera aussi solide et aussi durable que toute autre
arme à feu.

Celui qui est, depuis longtemps, habitué au fusil se
chargeant par la bouche, voit évidemment des complications dans le nouveau système. Quand les principes
techniques, industriels, économiques et tactiques, sur
lesquels repose le fusil à aiguille, seront partout
répandus comme en Prusse, cette arme s'affranchira
du caractère de complication et d'incertitude qu'on lui
reproche. L'on verrait bientôt s'élever la même objection contre l'armement d'autres États, si le fusil à aiguille était adopté comme arme de guerre par quelques
grandes puissances militaires de l'Europe. Mais avant
de recourir à cette mesure, il y a lieu de se demander
si les preuves que cette arme a faites dans la campagne du Schleswig sont suffisantes pour autoriser la
transformation de l'armement actuel dont les vieux et
nombreux systèmes sont si enracinés parmi nous. Les
dépenses faites dans ces derniers temps pour la fabri-

cation d'une grande quantité de nouveau matériel, semblent être un obstacle dans l'introduction du fusil à aiguille, car les considérations *techniques* ou *tactiques* ne s'y opposent pas. Le fusil à aiguille prussien renferme ces deux éléments, dont la combinaison régira tôt ou tard tous les systèmes d'armes à feu ; telle est notre opinion, et d'autres la partagent avec nous.

CHAPITRE II.

Il convient d'autant plus d'entrer dans quelques détails historiques relatifs au développement du fusil à aiguille, que ce nouveau système n'a cessé, depuis son origine, de donner lieu à de bons résultats. Parmi les nombreux systèmes d'armes à feu se chargeant par la culasse que l'on a inventés, il ne s'en trouve pas un qui, au point de vue de la construction, ne présente quelque analogie avec les autres. Le fusil à aiguille et sa cartouche spéciale font exception à cette règle, et diffèrent jusque dans leurs moindres détails de tout ce qui a précédé. Il est facile de reconnaître que les derniers et bons modèles de concurrence que l'on a faits dans ce genre, se rapprochent par quelque côté du fusil prussien. On peut donc avec raison considérer ce système d'arme comme jouissant d'un caractère particulier, et en essayant de retracer les principes sur lesquels repose sa construction, nous ne ferons que mieux ressortir l'importance qui s'y rattache. Une arme à feu se chargeant par la culasse qui, de prime abord, a été reconnue comme propre à la guerre et à l'armement d'une grande puissance, mérite une attention toute spéciale, et peut, sans passer pour un chef-d'œuvre, servir de point de départ aux innovations actuelles.

Il est aisé de conclure, des considérations présentées

dans le chapitre précédent, que Napoléon Ier a dû concevoir l'idée d'armer son infanterie avec des fusils se chargeant par la culasse. Le fusil rayé de cette époque était aussi contraire aux vues de ce grand capitaine, sur la simplicité des moyens pour faire la guerre, qu'à ses principes stratégiques qui consistaient à agir au moyen des masses sans tenir compte de l'effet individuel. Cette arme, en raison de sa complication, exigeait de la part du tireur une grande adresse, et ne pouvait convenir qu'à quelques troupes d'élite ; aussi fut-elle peu goûtée en France. Avant la grande guerre d'indépendance, l'Empereur a dû se douter du parti qu'il pouvait tirer de la carabine, en la mettant entre les mains des milices nationales et des partisans. A l'époque de la guerre du Tyrol, il s'occupa plus que jamais d'améliorations à introduire dans les fusils. Néanmoins une arme aussi compliquée que l'ancienne carabine à balle forcée, qui rendait de bons services entre les mains d'habiles chasseurs, ne parut guère favorable à l'armement du soldat. Il fallut donc faire abstraction de cette précision dans le tir et lui trouver un équivalent dans la facilité et la rapidité du chargement du fusil lisse. Cette réflexion était toute faite dans le génie de l'Empereur, et en procédant ainsi, Napoléon Ier pressentit l'importance qui se rattache aux feux de masse, et donna aux hommes spéciaux de son temps à résoudre le problème de satisfaire aux exigences de l'armement sans faire du fusil un engin de guerre compliqué.

Un constructeur de machines et arquebusier à Paris,

nommé Pauly, reçut, en 1809, la mission d'exécuter
le projet de l'Empereur et de fabriquer une bonne
arme à feu se chargeant par la culasse; on lui avait
procuré toutes les facilités pour réussir et promis une
grande récompense en cas de succès. Ces recherches
aboutirent à un fusil se chargeant par la culasse, auquel l'armurier en question donna son nom, mais
qu'une commission militaire ne tarda pas à reconnaître
comme impropre à la guerre.

Pendant que d'autres événements détournaient l'attention de l'Empereur de ces premiers essais infruc-
tueux, il parut en Allemagne un ouvrier intelligent
qui rendit praticable le nouveau système et le fit
adopter au bout d'une dizaine d'années. M. Jean-Nicolas
Dreyse, fils d'un maître serrurier, naquit en 1787, à
Sommerda, près d'Erfurt. Il travailla en 1809, comme
apprenti mécanicien dans la manufacture Pauly, de
Paris, et y vit fabriquer l'arme à feu dont il vient
d'être question. Plein d'activité, le jeune ouvrier, qui
possédait quelques notions de physique et de mécanique, se livra à diverses occupations. Jusqu'en 1814,
il travailla tour à tour dans des ateliers de construction, d'optique et même de fabrication de voitures, et
mit à profit ses heures de loisir pour étudier la chimie.
Il fit des expériences sur les procédés explosibles de
Berthollet, et y trouva de nouvelles propriétés pour la
réalisation d'une arme à feu de grande simplicité. A
son retour à Sommerda, en 1814, il s'occupa d'améliorations à introduire dans les ateliers de son père et fit
des modèles pour différentes machines. En 1821, il

établit une fabrique de métallurgie fonctionnant au moyen du procédé à froid, et, en 1824, une capsulerie dont les produits furent destinés à la Prusse ; le chapeau qui couvre la composition fulminante est, dit-on, de son invention. Ces deux derniers établissements, actuellement encore en état prospère, sont passés dans d'autres mains depuis que leur fondateur a fait du fusil à aiguille un objet d'études pour sa vie entière. Les progrès successifs de cette arme s'expliquent quand on songe que M. Dreyse, qui est un mécanicien distingué, a sacrifié quarante ans de son existence à ce travail. Ses efforts ont abouti à un succès dont l'armée prussienne se loue aujourd'hui.

On verra par la suite que M. Dreyse n'arriva au couronnement de son œuvre qu'au prix d'une persévérance continuelle ; d'autre part, il est à remarquer que le gouvernement prussien accorda, dès le principe, sa confiance à l'auteur ; qu'après avoir encouragé celui-ci dans ses travaux ultérieurs et fait quelques essais, il marcha droit au but et prit l'initiative d'une réforme qui ne porta ses fruits que vingt ans après. Il suffit de se rappeler l'état dans lequel se trouvait, vers 1840, l'armement de l'infanterie en Europe, pour reconnaître dans toute sa portée la détermination que prit alors le roi Frédéric-Guillaume IV, en adoptant le fusil à aiguille comme arme de guerre. Revenons à l'historique de ce système. Après avoir établi sa capsulerie, où l'on fit de continuels essais sur les matières explosibles, M. Dreyse reprit ses travaux sur l'arme à feu en question. Il se peut qu'il y eut détonation lors du nettoyage des vieilles capsules à l'aide d'un outil pointu, et que ce grattage qui avait fortuitement provoqué l'inflammation, conduisit à l'idée de produire l'explosion par l'intermédiaire d'une aiguille. Dans le premier modèle de fusil à aiguille fabriqué par M. Dreyse en 1827, un tube en laiton contenant l'aiguille traversait la culasse et communiquait avec le chien au moyen d'une pièce annulaire. La composition fulminante destinée non-seulement à communiquer le feu, mais encore à suppléer à la force expansive des gaz de la poudre, se trouvait dans un évidement pratiqué à la balle sphérique ou ovale. Dans le but de donner à cette dernière une position concentrique à l'âme et de placer la composition dans l'axe du canon et dans le prolongement de l'aiguille, M. Dreyse se servit de cylindres creux en carton qui entouraient la balle et lui imprimaient un mouvement de rotation. On reconnaît donc dans ces premiers essais les principaux caractères du fusil à aiguille actuel et les principes sur lesquels repose de nos jours la construction d'autres armes à feu non employées dans les armées (1).

Afin de maintenir en place cette cartouche à sabot que l'on enfonçait dans le canon au moyen de la baguette, M. Dreyse employa une petite rondelle en fer

______

(1) A cette catégorie appartiennent les balles remplies de matières incendiaires employées en Amérique pour certaines armes à feu dites à la Vulcain. On se sert encore actuellement, dans les armes de luxe du système prussien, d'un grand ressort et du chien pour agir sur l'aiguille; le mouvement de cette dernière pourrait, dans le cas du pistolet, se combiner avec un obturateur à vis (pour chargement par la culasse), ce qui permettrait de réduire la longueur du mécanisme.

(Schwerplate) du même calibre que l'arme, percée dans
son milieu, évidée à sa partie antérieure, et qu'avant
le chargement on faisait reposer sur le fond de l'âme,
où elle restait pendant une soixantaine de coups. Cette
rondelle eut pour but de maintenir la balle qu'on
forçait dessus et de garantir l'âme et le mécanisme
de la platine contre l'action des gaz de la composition
fulminante.

L'auteur ne tarda pas à rejeter un système aussi
imparfait, et à ce propos il convient de signaler l'es-
prit inventif dont il fit preuve et les nombreuses ressources qu'il déploya dans le cours de ses différentes
innovations. Voici les améliorations introduites en
1827 et 1828 : on supprima la baguette qui, en frappant sur la cartouche, produisait un choc d'autant
plus dangereux que cette dernière venait rencontrer
la rondelle et que le mécanisme était tendu ; le nouveau procédé qui consistait à charger l'arme sans le
secours de la baguette, eut pour inconvénient de ne
pas assurer la stabilité de la balle ni de faire dispa-
raître entièrement le danger d'explosion. On remplaça la rondelle par une vis d'arrêt placée sur le côté
de la culasse et qui, en traversant la chambre, venait
presser contre la cartouche ; cette vis, que l'on faisait
dans l'origine avancer ou reculer avec les doigts, fut
plus tard mise en mouvement au moyen du mécanisme de platine, modification qui permit de se
servir de cartouches à poudre. Un ressort en spirale
remplaça le grand ressort ainsi que le chien, et imprima
à la monture de l'aiguille un mouvement vers l'axe du

canon ; un petit levier tendait ce ressort et agissait également sur la vis latérale de la culasse au moyen d'une pièce extérieure ; il manquait à ce mécanisme un cran de repos du chien. La cartouche se composait de la balle, du sabot et de l'étui en papier contenant la poudre et portant à sa base l'amorce qui, à cette époque, renfermait du fulminate de mercure ; on avait ainsi réalisé la cartouche spéciale. A la suite de ces différentes modifications, l'inventeur reçut un brevet pour huit ans à compter du 22 avril 1828.

Ce chargement par la bouche avec un vent très-prononcé, et dans un canon lisse, ne permit pas de donner à la balle un forcement régulier ; le sabot n'obéissant pas d'une manière suffisante à l'expansion des gaz, opérait mal le nettoyage de l'âme. On se proposa de remédier aux difficultés du chargement provenant soit de l'encrassement, soit des débris de papier non consumés, en plaçant la composition fulminante dans une capsule (1) en avant de la poudre ; un petit vide pratiqué entre la poudre et le sabot devait favoriser la combustion de la poudre et celle du papier. De là le *canon à aiguille*, qui dans le principe consistait dans une tige conique vissée au fond de l'âme comme dans le fusil Dorn. Afin de mieux assurer la marche de l'aiguille et d'augmenter les dimensions de la chambre à poudre, on allongea plus tard cette tige de manière à ménager encore un plus grand vide entre la poudre

---

(1) Il y a lieu de constater ce fait que des novateurs, en voulant plus tard introduire des modifications dans ce système, revinrent malgré eux aux idées de l'inventeur.

qu'on versait dans le canon et la cartouche à sabot qui reposait sur la tige latérale de la culasse.

Cette disposition l'emporta sur les précédentes en ce que l'aiguille n'eut pas à traverser la poudre, mais à avancer d'une faible quantité pour provoquer l'inflammation de l'amorce ; par contre, le chargement divisé, c'est-à-dire d'un côté de la poudre et de l'autre de la balle, n'était pas un progrès. Nous observerons que ni l'inflammation de la poudre (d'avant en arrière) produite suivant cette méthode, ni le vide dont il a été question, ne constituent les conditions fondamentales sur lesquelles repose la supériorité du système à aiguille. On crut à cette époque (et l'application de principe existe encore dans le fusil Dorn et dans d'autres armes à chambre fabriqués dans les derniers temps), que l'intensité des gaz augmentait avec l'agrandissement du vide pratiqué entre la balle et la poudre, vu que le plus grand volume d'air qui y était renfermé favorisait la combustion de la cartouche. On ne tarda pas à reconnaître cette erreur ; la mise en contact de l'air avec la poudre est sans doute une condition essentielle, mais rien n'empêchait de réduire considérablement ce volume d'air, en se servant d'une tige plus épaisse et de cartouches pleines. En procédant ainsi, et en diminuant le vide intérieur, il y eut même avantage, car on ajouta à la force d'expansion des gaz de la poudre.

Si cette chambre à air existe encore dans le fusil prussien actuel, on ne doit pas en conclure qu'elle ait une grande action sur l'efficacité de l'arme en général.

On en trouvera des preuves dans le faible accroissement de vitesse initiale de la balle prussienne actuelle
et dans ce fait qu'en diminuant ce vide dans la carabine à aiguille prussienne et dans d'autres armes construites suivant le même système, cette vitesse initiale,
loin de devenir moindre, augmenta. D'un autre côté,
il semble se confirmer que cette chambre à air favorise la combustion du papier de la cartouche; il est
constaté aussi que le nettoyage de l'âme s'opère dans
de meilleures conditions.

En plaçant l'amorce dans l'intérieur de la cartouche,
on la met à l'abri du danger du choc et de l'humidité,
mais encore, dans ce cas, la vitesse initiale de la balle
n'augmente-t-elle pas plus que dans celui de l'agrandissement de la chambre.

Nous remarquerons que les nouvelles balles prussiennes n'influent pas davantage sur la tension et la
régularité des trajectoires que d'autres armes mu-
nies d'un système d'inflammation ordinaire, et qui se
rapprochent en dimensions, poids, calibres et charges
du modèle prussien. Ce mode d'inflammation n'exerce
donc aucune influence sur l'efficacité du fusil à aiguille,
et le placement de l'amorce fulminante derrière la poudre, disposition qui autoriserait un meilleur système
d'obturation, ne modifie en rien la forme des trajectoires.

Les circonstances favorisèrent M. Dreyse, qui fut
admis à présenter son fusil à aiguille vers la fin de
l'année 1829, à Weimar, au roi Frédéric-Guillaume IV, alors prince héritier. Après un mûr examen,

le prince, pénétré de la valeur de cette arme, y ajouta une confiance entière et l'adopta en 1840 pour l'armement de son infanterie.

Pendant ce temps, l'inventeur eut encore bien des efforts à faire et des modifications à introduire dans son système.

En 1830, des expériences, sur une grande échelle, eurent lieu tant à Sommerda et à Erfurt, en présence d'officiers prussiens, qu'à Berlin, devant une commission nommée par le ministre de la guerre et qui eut pour mission spéciale d'étudier le système des armes à feu à percussion. M. Dreyse éprouva certaines difficultés à adapter le nouveau mécanisme aux vieux fusils dont on se servit dans ces circonstances. A la poudre versée dans le canon à l'aide d'un godet succédait, sans qu'on eût recours à la baguette, le sabot portant à sa partie antérieure la balle et à sa base l'amorce. L'extrémité inférieure du sabot était munie de fentes, afin de se prêter plus favorablement à l'expansion des gaz et mieux se forcer dans l'âme ; le but qu'on eut en vue fut si faiblement atteint que les fusils Dreyse se montrèrent inférieurs dans le tir aux armes à feu ordinaires. On attacha néanmoins, à partir de cette époque, une telle importance au fusil à aiguille comme arme de guerre, qu'on résolut (malheureusement!) de garder le plus profond secret sur cette invention. La même mesure fut appliquée plus tard aux autres modèles de guerre du même système, de sorte qu'il est impossible de trouver dans ces derniers, et encore moins dans les armes de luxe construites d'après les mêmes principes, ce fameux prétendu *secret* qui se borne à l'*expérience acquise dans la construction, les modifications et le tir de cette arme à feu et de sa cartouche.*

De nouvelles expériences eurent lieu à Erfurt en 1831 ; on se servit au commencement de la baguette, afin d'obtenir, grâce à la diminution du vent, des écarts moins considérables. Dans le but de remédier à la complication du chargement, M. Dreyse revint à la cartouche spéciale dont la balle, la poudre et le sabot se trouvaient enfermés dans un étui en coton ; il inventa, en outre, les balles incendiaires (pour faire sauter les caissons à munitions) qui portaient un évidement destiné à recevoir la matière incendiaire ; ces balles furent plus tard introduites en France, en Angleterre et en Belgique.

Les rapports des commissions d'Erfurt et de Berlin furent favorables au nouveau système, et dans le courant du mois de février 1832 il parut une décision du ministre de la guerre qui prescrivit la marche à suivre pour obtenir des résultats encore supérieurs.

Les imperfections qu'on reprochait à cette arme peuvent se résumer ainsi : le mécanisme restait forcément tendu après le chargement, ainsi qu'on l'a dit plus haut ; cette tension était également nécessaire pour pouvoir fixer la cartouche au moyen de la vis qui traversait le côté droit de la culasse ; il importait que la cartouche eût une longueur rigoureuse et qu'elle occupât une position déterminée dans l'âme pour pouvoir être consolidée au moyen de la vis d'arrêt ;

l'étui en coton n'avait pas une résistance suffisante dans le transport, empêchait l'inflammation de la poudre ou laissait des débris dans le canon; l'aiguille ne traversait pas toujours la poudre qui se trouvait trop serrée dans son enveloppe. Il fallait, en outre, tenir compte de la nécessité d'avoir une cartouche particulière et de préserver de l'humidité la composition fulminante.

M. Dreyse chercha à remédier à ces difficultés dans le courant de l'année 1832, et se servit d'abord d'un ressort, puis d'une tirette pour retenir le mécanisme; plus tard, il arriva à ce but en agissant directement sur la monture de l'aiguille, et proposa des cartouches spéciales en papier; la baguette fut allégée et moins souvent employée dans le chargement; on diminua le coude de la baïonnette de manière à rapprocher la lame du canon, disposition à laquelle on attachait déjà une certaine importance à cette époque. Le 21 décembre 1832, une nouvelle série d'expériences eut lieu avec 30 fusils neufs et autant de vieux; on essaya tantôt des cartouches spéciales, tantôt des charges séparées ou contenues dans des étuis coniques faits en papier de paille et munis d'amorces fulminantes. Les fusils étaient pourvus d'aiguilles, de tubes d'aiguille et de chambres de différentes dimensions. On s'était même proposé de créer une manufacture d'armes sous la direction de M. Dreyse; ce projet ne fut pas exécuté, bien qu'on eût en vue d'adopter le fusil à aiguille comme arme de guerre.

Les expériences de Berlin se prolongèrent jusqu'à

la fin de 1833, en présence de l'inventeur, sans que l'on prît le parti d'adopter cette arme.

En 1834, M. Dreyse, d'après l'initiative prise par le ministre de la guerre et fondée sur les études de la commission de Berlin, fabriqua le fusil dit à *grappe de raisin*. Un cylindre en fer affectant la forme d'une grappe de raisin et vissé à la culasse destiné à recevoir le ressort-spirale en fil d'acier et la monture de l'aiguille, rendit indispensable l'emploi de la rondelle métallique dont il a été question plus haut, tout en permettant de monter et de démonter l'arme avec plus de facilité. Un autre bout de canon, soudé à la queue de culasse, servait de directrice à un double levier qui, au moyen d'un talon, pénétrait dans la grappe avant la monture de l'aiguille. L'aiguille assez forte jusqu'alors fut réduite à sa grosseur actuelle et reliée au boudin du ressort au moyen d'un tube en cuivre et d'une vis en laiton. Au lieu de consolider la balle dans l'étui en se servant de colle, on se contenta de l'y placer, comme dans la cartouche prussienne actuelle. On reconnut la nécessité de pratiquer des fentes régulières à chaque extrémité du calepin en carton (en haut pour faciliter la séparation entre le calepin et la balle, en bas pour favoriser l'expansion du carton), et au commencement de 1835 on fit une machine spécialement destinée à cette opération.

Ces fusils à grappe de raisin furent essayés à Berlin et par les bataillons de fusiliers des 4ᵉ et 11ᵉ régiments, qui tenaient alors garnison à Graudenz et à Glatz; les résultats de ces expériences constatèrent que cette arme était impropre à la guerre. En 1835. M. Dreyse inventa son *fusil à cylindre*, dans lequel la monture de l'aiguille et le boudin du ressort se trouvaient enfermés dans un tube cylindrique en fer analogue au petit tube du fusil à aiguille actuel. Le mécanisme contenait un grand ressort dont la griffe venait pincer la tête de la monture de l'aiguille; ce ressort portait deux crans au moyen desquels il se liait à la surface extérieure du tube. Celui-ci se fixait par sa partie postérieure de la même manière au canon que le petit tube dans le système actuel, mais il nécessitait l'emploi d'une culasse à vis. Cette queue de culasse se raccordait avec l'âme au moyen d'une surface conique sur laquelle s'appuyait la cartouche; la baguette et la vis d'arrêt devenaient dès lors inutiles.

En 1835, des expériences eurent lieu à Graudenz et à Glatz avec 100 fusils de ce genre donnés à chaque bataillon; on avait séparé les charges et les balles dans le but de mieux garder le secret sur la conformation de la cartouche spéciale.

En 1836, on expérimenta à Berlin un nouveau fusil dont les principes de construction reposaient sur ceux des systèmes à cylindre et à grappe de raisin. Cette arme présentait un grave inconvénient, celui du danger auquel s'exposait le tireur qui, après avoir fait feu et avant d'introduire une nouvelle cartouche dans le canon, oubliait de mettre le mécanisme à sa position primitive; le chargement par la culasse pouvait seul remédier à cette difficulté.

Dans cette même année, on parvint enfin à réaliser ce progrès avec une carabine à aiguille. Comme construction, cette arme avait beaucoup d'analogie avec l'ancienne carabine à huit rayures et à balle forcée des chasseurs prussiens, mais différait entièrement du fusil à cylindre en ce que le tube du mécanisme, au lieu de pénétrer directement dans la culasse, était renfermé dans un autre cylindre (l'obturateur actuel) qui déterminait la fermeture. Cette carabine satisfaisait ainsi à trois des quatre conditions les plus importantes du nouveau système des armes à feu portatives, savoir : le forcement de la balle sans efforts, la simplicité du chargement au moyen de la cartouche spéciale et une bonne obturation. Comme quatrième et dernière condition, et à laquelle le système prussien ne s'est que médiocrement prêté jusqu'à ce jour, il reste à obtenir des canons d'un faible diamètre d'âme et des balles longues, légères et d'un calibre aussi petit que possible.

Comme l'obturateur de cette carabine portait un bouton dont la base venait, lors du mouvement imprimé au mécanisme, rencontrer la face oblique du cylindre extérieur et déterminer la fermeture, on avait trouvé le mode d'obturation actuel ; dès lors rien ne s'opposait à ce qu'on appliquât ce système à l'ancien fusil et que l'on convertît ce dernier en arme de précision en y ajoutant des rayures. On appropria au même mécanisme le *fusil des tirailleurs*, qu'on peut considérer comme le type des modèles à aiguille prussiens actuels ; nous remarquerons en passant que les

différentes puissances de l'Europe étaient loin d'adopter à cette époque le fusil rayé comme arme de guerre.
L'invention de M. Dreyse mérite d'autant plus de considération qu'elle est restée étrangère aux idées de
MM. Tamisier, Thouvenin et Delvigne sur le forcement des balles. Lors des premières expériences qui
eurent lieu en 1837 avec cette carabine de chasseurs
à quatre rayures, on reconnut, outre la solidité du
mécanisme de fermeture, une bien plus grande justesse de tir qu'avec la carabine de chasseurs d'ordon-
nance à balle forcée. On avait fixé à 15^{mm},2 le diamètre de l'âme et à 15^{mm},7 celui de la balle et du
sabot, ce qui fut un véritable progrès par rapport à
l'ancien fusil, mais insuffisant dans les circonstances
actuelles. On observa, en outre, qu'une augmentation
de 2^{mm},6 du calibre de l'âme, ce qui ne donnait au
sabot qu'un faible jeu dans les rayures, n'influait guère
sur les angles de hausse et sur les écarts. Cette obser-
vation avait permis de se fixer les idées sur la tolérance de calibre à admettre pour cette arme. Les dernières améliorations introduites dans ce système, et
qui firent de cette carabine une véritable arme de
guerre, furent exécutées dans l'espace de deux ans et
consistèrent dans : l'augmentation des dimensions du
logement de la cartouche, une plus grande facilité du
jeu des ressorts, le renforcement de la tête de la monture de l'aiguille, l'agrandissement du tube du mécanisme et du cylindre obturateur, et enfin dans l'adap-
tation à l'arme d'une hausse pour les distances de
500 et 600 pas. Les dernières expériences eurent lieu

du mois de novembre 1839 au mois d'août 1840, sous la direction du général de Rauch, avec 150 fusils confiés à des soldats de la 1ʳᵉ compagnie du bataillon de réserve de la garde et du 3ᵉ bataillon de chasseurs. Ces épreuves soulevèrent encore quelques difficultés insignifiantes, que l'inventeur surmonta en peu de temps.

Les considérations définitives, qui déterminèrent en 1841 S. M. le roi Frédéric-Guillaume à faire une commande de 60 000 fusils à aiguille à la manufacture d'armes de Sommerda, peuvent se résumer ainsi :

« Le fusil à aiguille constitue, dans les circonstances actuelles, une arme de guerre propre à l'armement général ou particulier des troupes. En raison des résultats favorables auxquels les expériences donnèrent lieu, il convient de considérer cette invention comme un don de la Providence pour la prospérité de l'État. On espère garder le secret sur lequel repose ce système jusqu'au jour où de grands succès obtenus à la guerre permettront de faire de ce fusil une arme nationale. »

Il est certain que les événements de la dernière campagne ont justifié cet espoir, en supposant qu'il fût exprimé en pareils termes il y a vingt-quatre ans. Une grande guerre ferait tout aussi bien ressortir les avantages qui se rattachent à cette arme, maintenant que l'armée prussienne voue à cette dernière une si haute confiance. Quant à la conservation de ce fusil et de sa cartouche, au milieu de circonstances défavorables, l'expérience acquise dans la campagne du Schleswig a été des plus satisfaisantes.

Nous nous sommes abstenus avec intention, dans ce qui précède, de faire mention d'autres essais faits par M. Dreyse et qui n'ont pas de rapport avec le fusil à aiguille. Nous ajouterons que l'inventeur a fait des recherches sur les moyens d'appliquer le système à aiguille au matériel d'artillerie de campagne ainsi qu'aux fusées de projectiles. On y reconnaît les principes qui actuellement guident dans les nombreux systèmes de fusées percutantes, puisque M. Dreyse s'était proposé de mettre, par des moyens mécaniques, le feu à la fusée lors de la chute du projectile. Les fusées percutantes prussienne et anglaise diffèrent peu de ce système, vu que l'inflammation y est déterminée par le choc d'une tige ou aiguille. L'idée ingénieuse de faire répondre le mouvement de cette aiguille à la distance d'éclatement, ainsi que les détails de ce nouveau système, appartiennent aux progrès de l'artillerie actuelle.

Il convient de citer ici les noms des personnes qui, depuis 1824 jusqu'en 1840, ont secondé M. Dreyse dans ses travaux. Les pharmaciens *Baudius* et *Kahleys*, de Sommerda, se sont, dès le commencement, partagé les préparations si dangereuses de compositions fulminantes de toutes espèces. Viennent des officiers et des employés civils dont une partie est encore en vie et occupe de hautes fonctions, savoir : *de Staff*, lieutenant au 32ᵉ régiment d'infanterie (1827); *Berth*, conseiller intime à Berlin (1828); le ministre de la guerre de *Witzleben;* le conseiller du gouvernement *Werneboury,* d'Erfurt (1830); le lieu-

tenant de *Priem*, du 20ᵉ régiment d'infanterie (1830) ;
le général *de Thèele* (1830) ; le colonel *de Neumann*,
de Berlin (1830) ; le major *de Penecker* (1830) ; le
ministre de la guerre *de Rauch*.

Nous avons dit, dans notre préface, que nous donne-
rions sous toutes réserves le contenu de ce chapitre ;
ceci s'applique spécialement aux noms des personnes
que nous venons de citer. Les détails qui se rapportent
au développement successif du fusil à aiguille pourraient également reposer sur des documents plus
authentiques.

CHAPITRE III

APERÇU SUR L'ARMEMENT ACTUEL DES TROUPES PRUSSIENNES
ET DES CONTINGENTS DE LA CONFÉDÉRATION GERMANIQUE AU
MOYEN DE FUSILS A AIGUILLE.

On entend, en général, par fusil à aiguille, le modèle
de cette arme qui remonte à 1841 et dont le calibre
est de $15^{mm},43$. Il ne fut adopté qu'en 1848 pour l'armement d'une partie de l'infanterie active, c'est-à-
dire de tous les bataillons des fusiliers des 32 régiments d'infanterie de ligne qui existaient à cette
époque. Le fusil à aiguille rendit de grands services
lors des insurrections saxonne et badoise, ainsi que
dans la première campagne du Sleswig. Il ne fut
adopté que plus tard comme armement de l'infanterie
et de la cavalerie et des contingents de la landwehr.
Les diverses modifications, sauf celles du calibre, que
ce modèle a subies depuis son adoption jusqu'à nos
jours, peuvent se résumer ainsi : en 1849, on adopta
pour les bataillons de chasseurs, comme second
modèle, la carabine à chasseurs décrite plus loin,
à laquelle on fit quelques changements en 1854 et qui
compose actuellement, comme modèle 1849 et 1854
transformé, l'armement des 9 bataillons de chasseurs
de la ligne et du bataillon de tirailleurs de la garde.

En 1855, c'est-à-dire à l'époque où le fusil rayé
devint l'arme par excellence, on décréta provisoire-

ment la transformation de 300 000 fusils ordinaires en fusils Minié. Les manufactures d'armes n'avaient pas encore satisfait aux exigences de l'armement (environ un million de fusils à aiguille comme double approvisionnement). Afin d'armer rapidement les contingents de la landwehr, il fut jugé nécessaire de transformer les fusils ordinaires se chargeant par la bouche; on réalisa ainsi à peu de frais un matériel d'une valeur d'environ trois millions de florins, et les changements qu'on y fit devaient profiter plus tard. Il convenait d'autant plus de supprimer ces fusils à percussion, modèle 1839 et 1855 modifié, que la cartouche avait un poids trop considérable (un paquet de dix cartouches pesait environ 540 grammes). En 1857 on adopta pour la cavalerie légère (hussards et dragons), un mousqueton à aiguille (1). (Le mécanisme de fermeture de M. Dreyse, à cause de sa longueur et de son poids, ne convient pas au pistolet, à moins d'y faire de grandes modifications.)

En 1857 on adopta, pour l'armement de la ligne et en 1859 pour celui de la landwehr du premier ban, le fusil à aiguille, modèle 1841. On donna aux 27 ba-

(1) Le système à aiguille offre de grands avantages aux armes à feu de la cavalerie sous le rapport de la facilité du chargement et de la fixité de la cartouche dans le canon. Comme la cavalerie prussienne est fort bonne, elle n'y gagnera pas si l'on attache une importance particulière à l'arme à feu. D'après les renseignements qui nous sont parvenus, seize hommes par escadron seraient armés de mousquetons à aiguille, ce qui représente déjà une certaine force défensive. Ferait-on bien d'armer de même tous les cavaliers ? Toujours est-il qu'aucune autre arme ne se prête mieux à ce but que celle du système à aiguille.

taillons de fusiliers, qui jusqu'alors s'étaient servis de l'ancien fusil modèle 1841, une arme légère, du modèle 1860, et répondant mieux au service de ce corps. Enfin, un autre modèle de fusil modifié, destiné aux troupes de ligne, remplaça en 1862 celui de 1841.

L'armement actuel de l'infanterie prussienne comprend en temps de guerre :

216 bataillons de ligne et 36 de réserve, ou 252 000 hommes armés de fusils à aiguille modèles 1841 et 1862 (le dernier y entrant en plus faible proportion que l'autre) ; 10 bataillons de chasseurs et de tirailleurs avec 10 compagnies de réserve ou 12 000 hommes pourvus de carabines à aiguille modèles 1849 et 1854 (ce dernier en plus forte quantité) ; 27 bataillons de fusiliers ou 27 000 hommes avec des fusils de fusiliers, modèle 1860 ; enfin 116 bataillons de la landwehr ou 110 000 hommes avec des fusils à aiguille modèle 1841. Ce qui fait un total d'environ 390 000 à 400 000 hommes armés de fusils à aiguille rayés. Lors d'une levée extraordinaire, on pourrait même grossir ce chiffre de 100 000 hommes, armés de la même manière, et qui seraient bientôt en état de se servir de ce fusil. On n'exagère pas en admettant que la Prusse peut, dans une guerre nationale, mettre sur pied un demi-million d'hommes d'infanterie pourvus de différents modèles de fusils à aiguille et tenir cet effectif au complet pendant toute la durée d'une campagne. Ce chiffre ne représente que les 2,8 p. °/₀ de sa population, tandis que l'on pourrait aller, dans un cas de nécessité, jusqu'à 3,5 p. °/₀, ce

qui correspondrait au chiffre rond du double approvisionnement de un million de fusils à aiguille dont il
a été question précédemment. Nous croyons qu'actuellement, la Prusse possède 600 000 fusils de
cette espèce ; dans tous les cas, les manufactures
d'armes sont à même de fournir la quantité de fusils
nécessaire pour un premier approvisionnement, et
celle qu'il faudra comme réserve. A Sommerda seul,
on a fabriqué jusqu'à présent 350 000 fusils à aiguille ;
les produits annuels ordinaires et extraordinaires des
quatre manufactures d'armes de la Prusse peuvent
s'élever aux chiffres approximatifs suivants :

	Produits annuels ordinaires.	Produits annuels extraordinaires.
Sommerda	24 000	40 000
Spandau	20 000	36 000
Dantzig	10 000	15 000
Erfurt	9 000	20 000
Totaux.	63 000	111 000

Quoique ces chiffres ne reposent pas sur des documents officiels, ils n'en ont pas moins une grande vraisemblance ; le peu d'ouvriers habiles que nécessite la
fabrication, et les progrès qu'a faits depuis la métallurgie de l'acier, favorisent puissamment les travaux
des manufactures.

Outre la Prusse, beaucoup de contingents du nord
de l'Allemagne faisant partie de la Confédération germanique, et en particulier ceux des 9ᵉ et 10ᵉ corps
et de la division de réserve, sont armés soit de fusils à
aiguille, soit d'armes à feu qui permettent de se servir de la cartouche prussienne. Ceux qui ont le fusil

prussien sont : dans le 10° corps, le Braunschweig,
les deux Mecklembourg, l'Oldenbourg, les trois villes
anséatiques, et probablement bientôt le Sleswig-Hol-
stein (actuellement encore Holstein-Lauenbourg); de
plus, tous les petits contingents, à l'exception de ceux
de Hesse-Hombourg, Liechtenstein, Lippe-Bückebourg
et de Francfort-sur-le-Mein. En tout, 13 000 hommes
dans la division de réserve, et éventuellement de
16 à 24 000 hommes dans le 10° corps, qui sont
armés de fusils prussiens. Les contingents du 9° corps,
dont l'armement est le même que le précédent, com-
prennent : 8000 hommes de la Hesse électorale et
400 du Lippe-Bückebourg dans la division de réserve.
En tout donc 40 000 hommes des troupes de la Confédération, qui sont armés de fusils à aiguille. Dans
le 9° corps, les contingents de Saxe et de Nassau ont
le fusil des États de l'Allemagne du Sud; dans le
10° corps, le Hanovre seul a une arme à feu particulière, mais il ne tardera pas à adopter la cartouche
prussienne et à transformer son armement. L'adoption du fusil à aiguille s'étendra donc bientôt jusqu'au
Mein, et l'effectif de l'infanterie, munie de cette arme,
s'élèvera alors à 88 000 hommes (contingents actifs et
de réserve).

A l'extérieur et dans l'industrie privée, la fabrique
du Herzberg au Harz, dirigée par M. Craus, est la
seule qui jusqu'à présent ait fait des fusils à aiguille.
En Prusse, une société commerciale se propose de
fonder prochainement un établissement de ce genre à
Suhl.

CHAPITRE IV.

DU FUSIL A AIGUILLE PRUSSIEN, MODÈLE DE 1841.

(Voy. fig. 1 et 2.)

Comme construction générale cette arme, abstraction faite du mécanisme de fermeture, diffère peu d'un fusil ordinaire tel que celui qui a servi dans les grandes guerres et que l'infanterie française, par exemple, possède encore actuellement.

Sa longueur, y compris la baïonnette triangulaire, mesure 1^m,95 et 1^m,43 sans cette dernière, ce qui suffit pour donner à ce fusil les propriétés d'une bonne arme de main et propre aux feux de rangs.

Son poids s'élève à 5^k,330. avec la baïonnette et à 4^k,980 sans elle (là-dessus il revient 1^k,773 au canon, 847 grammes au cylindre extérieur, 659 grammes au mécanisme et 1^k,701 grammes à la monture et à ses garnitures). Ce poids dépasse celui que l'expérience a consacré, et qui doit s'élever à 5 kilogrammes avec baïonnette et à 4^k,650 grammes sans baïonnette. On reproche donc avec raison à cette arme son poids considérable (le fusil à aiguille modèle 1862, dont il sera question plus tard, est plus léger).

Le mode d'attache de la baïonnette que l'on avait adopté dans le principe parut défavorable. La douille n'était pas assujettie au canon au moyen d'un arrêtoir et d'un anneau, mais à l'aide d'un ressort appliqué sur 'arme et qui pénétrait dans un encastrement pratiqué

dans la douille ; de cette manière la baïonnette ne
tenait que faiblement et risquait, après une certaine
usure du ressort, de tomber au moindre choc du fusil.
Pour obvier à cet inconvénient, on ajouta mal à propos,
dans ces derniers temps, un anneau de fermeture à
tous les fusils de cet ancien modèle. L'infanterie prussienne porte la baïonnette au bout du canon, ce qui,
sans précisément incommoder le soldat dans le transport d'une arme déjà passablement lourde, a son bon
côté, en permettant de remédier à l'effet disgracieux
que produit le port de la baïonnette au ceinturon.
Nous aimerions mieux voir supprimer, dans les circonstances de guerre, le port habituel de la baïonnette
au canon avec le fusil rayé, et surtout avec une arme
aussi efficace que le fusil à aiguille ; le soldat s'en trouverait mieux dans les marches et pendant le tir. On a
toujours le temps de mettre la baïonnette au canon,
d'autant plus qu'un premier succès obtenu par les feux
ne se lie que mieux à une affaire où l'on doit recourir
à ce moyen d'attaque.

La hausse, qui est à $0^m,585$ du milieu de la plaque
de couche, se trouve à 36 centimètres environ de l'œil
du tireur, et par conséquent un peu au delà de la bonne
distance pour viser, qui est d'une trentaine de centimètres. Ceci diminue un peu l'étendue de la ligne de
mire, néanmoins celle-ci est encore assez longue, et il
vaut mieux pour viser promptement que la hausse soit
placée d'environ 12 centimètres en avant d'une bonne
vue moyenne de 24 centimètres de longueur, que si
elle se trouvait dans le rayon même de cette vue. Cette

hausse laisse à désirer sous le rapport de la simplicité ; son pied sert de charnière à deux clapets dont le plus grand se trouve en avant et l'autre en arrière. Comme la hausse fixe permet de tirer avec les anciennes balles coniques courtes à 300 pas de distance au plus et avec les nouvelles balles oblongues à 350 pas seulement, il faut, pour donner les angles de hausse aux distances de 300 à 600 pas avec le petit clapet, et ceux de 350 à 850 pas avec le grand clapet, et obtenir un tir exact de 50 en 50 pas, déterminer de 6 à 7 lignes de mire dans le premier cas et de 10 à 14 dans le second. Quoique le grand clapet porte une petite ouverture qu'on utilise dans le tir, il n'en reste pas moins 10 lignes de mire à produire au moyen de 3 hausses différentes. La première doit servir aux distances de 350 à 500 pas ; la seconde à celles de 550 à 700 pas et la dernière à celles de 750 à 850 pas, ainsi qu'on l'a fait remarquer dans le vol. 2, N. Ét. Le défaut de simplicité de cette hausse conduit ainsi à des difficultés, soit dans la pratique, soit dans l'instruction du soldat et diminue la valeur du fusil à aiguille comme arme de guerre. Dans nos N. Ét., vol. 1, ainsi que dans les écrits de M. le major Rustow, on a suffisamment fixé l'attention sur ce point, et nous n'avons rien à y ajouter. Il serait à désirer que l'on adoptât le système de hausse Gabel usité en Hesse et qui est simple, solide et peu coûteux ; nous en avons donné la description dans le vol. 1. de nos N. Ét. Si l'on se bornait aux distances de 800 à 900 pas qui conviennent à un bon fusil d'infanterie de ligne, on pourrait réduire considérablement la longueur du clapet et espacer suffisamment les divisions du cadran de la hausse fixe. Avec un nouveau fusil de petit calibre, il serait possible d'étendre le champ de tir de la hausse fixe jusqu'à 440 pas et de réduire les divisions à quatre principales, correspondant aux distances de 500, 600, 700 et 800 pas, et à deux intermédiaires pour 650 et 750 pas. Les tireurs et les instructeurs préféreront toujours, aux systèmes actuels de hausses si compliqués, les règles si simples qui consistent à viser sur le milieu du corps de l'adversaire, à se servir jusqu'à 440 pas (et avec le fusil à aiguille actuel jusqu'à 350 pas) de la hausse fixe et du clapet aux distances supérieures. Pour un tir précis aux petites distances, la hausse brunswickoise de Siemens l'emporte également sur la prussienne.

Le centre de gravité du fusil à aiguille modèle 1841 se trouve à $0^m,687$ de la plaque de couche, lorsque la baïonnette est au canon, et à 63 centimètres du même point sans cette dernière; il se trouve donc dans le premier cas près de la capucine et dans le second cas un peu en avant de la hausse, ce qui, en raison de la construction particulière de cette arme, met le centre de gravité à 2 ou 3 centimètres plus en avant que dans la plupart des fusils se chargeant par la bouche.

Pendant le chargement le soldat tient l'arme en équilibre dans la main gauche; il est facile de mettre en joue; comme le côté gauche de la crosse est un peu trop saillant, on y a remédié dans le modèle 1862. La détente se trouve à 36 centimètres de la plaque de couche, la sous-garde, ainsi qu'on le voit dans les fig. 1 et 2, porte un prolongement commode pour y appuyer les doigts.

Les garnitures sont en laiton, le guidon est brasé sur le canon, et ce dernier réuni au fût au moyen d'anneaux ordinaires; la baguette, dont on se sert pour décharger l'arme et exceptionnellement pour nettoyer l'intérieur du canon, est mince et légère; ici se termine la nomenclature des parties extérieures de l'arme.

Le calibre normal de l'âme est de $15^{mm},43$; dans les anciens canons en fer, la tolérance de fabrication a été limitée entre $15^{mm},17$ et $15^{mm},69$ (diamètres des deux cylindres vérificateurs), et dans les canons actuels en acier fondu, qui permettent de donner moins d'épaisseur aux parois de l'âme, entre $15^{mm},30$ et $15^{mm},56$. D'après des données récentes, le grand cylindre, qui ne doit pas pénétrer dans l'âme, n'aurait que $15^{mm},43$, ce qui réduirait cette tolérance à $0^{mm},13$, dimension nullement exagérée, puisqu'elle n'est que de 1 dixième de millimètre dans la plupart des fusils du calibre autrichien en usage dans l'Allemagne méridionale. L'âme du nouveau fusil à aiguille normal se lie au logement de la cartouche au moyen d'un raccordement conique de 15 centimètres de longueur et d'environ 1 dixième de millimètre d'agrandissement. La tolérance pratique ou différence qui existe entre les calibres des canons neufs et ceux des anciens canons qui ont été dégradés par suite du tir, a été fixée à 4 dixièmes de millimètre; le diamètre d'un canon peut donc augmenter jusqu'à $15^{mm},83$, sans que l'arme soit mise hors de service; ce n'est que dans le cas où le cylindre de réforme de $15^{mm},95$ pénètre dans le raccordement, que le canon est rejeté, car dans ce cas la cartouche tend à sortir de son logement et à glisser en avant.

Il résulte de ce qui précède, d'une part, que le fusil à aiguille satisfait à l'une des conditions fondamentales d'une bonne arme de guerre, en permettant de faire abstraction d'un vent trop rigoureux; sous ce rapport cette arme se rapproche assez de celle d'un moyen calibre se chargeant par la bouche à l'aide d'une balle à expansion. D'autre part, il est clair que ce vent doit déterminer la pénétration du sabot dans les rayures, et par suite la rotation régulière de la balle. Bien qu'avec les limites de tolérance de vent indiquées ci-dessus, le forcement du sabot se fasse encore dans de bonnes conditions, il existe néanmoins des différences très-sensibles entre le tir des anciens et celui des nouveaux modèles prussiens, avec la même cartouche.

La longueur du canon en acier fondu, en y comprenant la partie postérieure ou embouchure de la culasse, mesure $0^{m},907$. En avant de cette embouchure, la surface extérieure du canon est munie de 10 filets de vis destinés à pénétrer dans l'extrémité antérieure du grand cylindre du mécanisme. Devant ce filetage, le canon a 8 pans sur une longueur de 6 centimètres; le diamètre extérieur de cette partie est de $31^{mm},5$; à partir de là le canon prend la forme conique avec des diamètres de $28^{mm},5$ à 10 centimètres de la culasse, 23 millimètres dans le milieu et $21^{mm},25$ à la bouche. Ces dimensions donnent pour le canon en acier fondu un poids égal à celui dont il a été question plus haut et d'environ 1^{kil},773 (d'après la vérification faite sur un fusil d'origine prussienne). L'âme est pourvue de 4 rayures de 6 millimètres de largeur et 0^{mm},78 de profondeur et qui font un tour sur 0^m,732. Le logement de la cartouche a un diamètre de 17^{mm},52 sur une longueur de 43^{mm},5 et se lie à l'âme au moyen d'un raccordement conique de 1^{mm},7 de longueur.

Ce raccordement qui détermine la pression du sabot joue un rôle important dans l'efficacité de l'arme ; le moindre défaut du métal ou la plus petite dégradation qui se trouverait à sa surface influerait sur le tir ; l'acier fondu remédie en partie à cet inconvénient.

Comme la portée dépend en grande partie de la manière dont la cartouche se comporte dans son logement et dans l'âme, nous allons examiner de près cette relation, en nous appuyant sur ce que nous avons dit à ce sujet vol. 1, N. Ét., et en supposant que le canon soit du nouveau calibre normal de 15^{mm},43.

La balle, de forme ovoïde, de 27 millimètres de longueur, avec le calibre de 13^{mm},6, pèse 31 grammes, c'est-à-dire 5 grammes de moins que les balles française et italienne, 3 grammes de moins que la balle russe, de 3 à 4 grammes de moins que la balle anglaise et de 2 à 3 grammes de plus que les balles autrichienne, bavaroise, saxonne et celles de l'Allemagne du Sud, et enfin 13 grammes de plus que la nouvelle balle suisse à expansion. Le poids de la balle Withworth dépasse d'environ 3 grammes celui de la balle prussienne actuelle.

Le rapport (à peu près comme 1 : 2) qui existe entre la longueur de cette balle et son calibre, est plus favorable que celui qui existe dans la plupart des autres balles actuellement en usage (dont les meilleures n'atteignent pas la longueur de 2 calibres), mais il est au-dessous de celui de la balle Withworth et de la balle suisse (Buholzer), dont les longueurs respectives sont de 3 et 2,6 calibres. A chaque millimètre carré de la section transversale correspond environ 0,2 grammes de plomb. Cette balle oblongue, grâce à sa masse (absence de tout évidement), sa surface et son amincissement postérieur, jouit de propriétés toutes particulières pour vaincre la résistance de l'air. Le centre de gravité correspond à peu près au milieu du grand axe; malgré le fort pas des rayures, la dérivation est peu considérable et même négligeable jusqu'à la distance de 400 pas.

On peut conclure de ce qui précède que les balles oblongues permettront d'obtenir les trajectoires les plus tendues qui soient connues jusqu'à ce jour, dès que l'on sera arrivé à leur communiquer une vitesse initiale suffisante. Même à égalité de poids, de calibre et de vitesse initiale, cette balle l'emporte sur les autres projectiles, surtout dans la branche descendante de la trajectoire, qui se rapproche davantage de la parabole et permet d'obtenir les meilleurs espaces battus (1).

(1) L'espace battu des Allemands correspond à notre zone dangereuse.   (T.)

La charge (suivant vérification faite sur des cartouches d'origine prussienne) est de 4ᵍʳ,8 à 4ᵍʳ,9 et équivaut à peu près à 16 p. %, du poids de la balle; ce rapport devrait, avec une arme de petit calibre, s'élever à au moins 20 p. %, pour que l'on pût espérer d'atteindre les résultats les plus satisfaisants dans le tir. Le dosage de la poudre prussienne est de 74 parties de salpêtre, 10 de soufre et 16 de charbon.

Le sabot mesure 16ᵐᵐ,2 en diamétre et environ 20ᵐᵐ,5 en longueur, sa cavité supérieure dans laquelle se loge la balle a 14 millimétres de profondeur, son poids, y compris celui de l'amorce, est de 3 grammes.

Ce sabot remplit quatre fonctions différentes : 1° il porte l'amorce, la préserve de la manière la plus efficace contre les chocs et les influences atmosphériques, et permet d'opérer la combustion de la poudre d'avant en arrière; 2° il régularise l'action des gaz en recevant leur impulsion et en la communiquant à la balle; 3° il enveloppe cette dernière, la conduit dans les rayures et remplit l'office des moyens de forcement par compression ou par expansion ; 4° il détermine le nettoyage de l'âme et des rayures dans le cas surtout où ces dernières sont peu profondes, comme il arrive dans le système prussien. La cartouche, du poids d'environ 40ᵍʳ,7, mesure depuis la base jusqu'à la pointe 56ᵐᵐ,5 (et environ 59 grammes, en y comprenant le renflement de papier qui se trouve à l'extrémité antérieure). Son diamétre extérieur, y compris le papier de l'étui, est de 16ᵐᵐ,4 ; il revient là-dessus 13 millimétres environ à la partie de la balle qui fait saillie sur le carton, 20^{mm},5 au calepin et 23^{mm},5 à l'étui. Le logement cylindrique de l'amorce a 6^{mm},8 de largeur et 2 millimètres de profondeur, la pointe de l'aiguille doit donc avancer de 25^{mm},5 à partir de la base de la cartouche pour percer l'amorce et produire l'inflammation.

La figure 3 représente une cartouche confectionnée d'après le modèle prussien, dans lequel le sabot a subi une modification récente; la forme convexe que l'on a donnée à son culot permet de mieux maintenir l'amorce en place et de lui assurer une position plus régulière; l'inflammation est donc moins incertaine dans le cas où l'aiguille ne rencontre pas exactement le centre de l'amorce. Cette cartouche d'imitation, qui ne contient que 30 grammes de plomb et 4^{gr},4 de poudre et qui pèse en tout 38 grammes, n'est pas d'accord, quant aux dimensions et poids, avec les données de la cartouche prussienne normale dont il a été question ci-dessus et qui sont exactes, sauf peut-être une réduction de 1 millimètre dans la longueur du sabot ou dans celle de la cartouche.

Les autres dimensions relatives aux calibres de l'âme et de la cartouche sont les suivantes : balle, 13^{mm},6 ; l'âme entre deux pleins, 15^{mm},4 ; entre deux rayures, 17 millimètres ; sabot, 16^{mm},2 ; sabot avec étui, 16^{mm},4 ; logement de la cartouche, 17^{mm},5.

Il va sans dire, d'après ce qui précède, qu'un vent même de 1^{mm},8 est trop fort pour permettre au projectile seul de prendre son mouvement de rotation dans l'âme, et que le sabot doit, au moment où le coup part, serrer fortement la partie postérieure de la balle, car il subit entre les pleins une dépression qui réduit son diamètre d'environ 1 millimètre; par contre, ce sabot trouve dans les rayures, dont la profondeur est de $0^{mm},8$, un vent de $0^{mm},6$, suffisant pour en chasser les débris de papier qui pourraient y adhérer. La cartouche a dans son logement un vent de $1^{mm},1$ pour faciliter le chargement en cas d'encrassement.

Il importe que l'extrémité antérieure du sabot s'applique exactement sur le raccordement conique, afin de tenir constamment l'amorce à une distance convenable du fond de l'âme et permettre à la cartouche de prendre un mouvement régulier de rotation; cette condition importante est en partie remplie par le nettoyage qu'opère le sabot à son entrée dans l'âme (ainsi qu'on l'a déjà remarqué, il serait avantageux de donner un peu moins de profondeur aux rayures de ce côté, afin de mieux éviter l'encrassement). Il suit de là que, dans le cas où la culasse est détériorée par l'action des gaz, on devra se garder d'y faire des réparations qui influeraient sur la position normale de la cartouche dans le canon. Qu'on évite donc de diminuer la longueur de la culasse et d'augmenter celle du logement de la cartouche en limant intérieurement la partie du canon qui se trouve en avant; mieux vaudra, en cas de nécessité, dévisser l'embouchure de la culasse ou encore celle de l'obturateur et y souder un anneau pour porter le logement de la cartouche à sa longueur primitive. La longueur du logement de la cartouche mesure,

d'après nos vérifications, 43^{mm},5, et répond exactement
à celle de la cartouche prise jusqu'à l'extrémité antérieure du sabot. Afin de faciliter l'introduction de la
cartouche dans son logement, on peut évaser ce dernier
sur une longueur de 7 à 8 millimètres, de manière
à donner 18^{mm},5 à son grand diamètre. L'expérience
a démontré que, dans ce cas, l'écartement de l'embouchure de culasse s'opère mieux sous la pression des
gaz ; de là, fermeture plus complète.

Il n'y a rien à ajouter à la description que M. Schons
a faite du système d'obturation du fusil à aiguille.
Nous représentons néanmoins ce mécanisme dans la
figure 4 (1), afin de mettre sous les yeux les détails
de sa construction, et permettre de juger des modifications qu'il y aurait lieu d'y introduire pour réduire
ses dimensions. Le dessin représente ce mécanisme au

(1) *Légende* à l'appui de la figure 4.
1. Bouton.
2. Tenon à face oblique.
3. Grand cylindre.
4. Devant du grand cylindre.
5. Bec du grand ressort.
6. Talon servant d'appui au pouce.
7. Logement de la cartouche.
8. Cylindre obturateur.
9. Chambre à air.
10. Canal de l'aiguille.
11. Cylindre ou boudin de l'aiguille et du ressort en spirale.
12. Embouchure de culasse.
13. Petit cylindre.
14. Amorce.
15. Ressort de gâchette.
16. Points d'appui de détente.   (T.)

moment où l'aiguille rencontre l'amorce; on y a supprimé les détails inutiles, et réduit les longueurs des différentes parties du mécanisme. Les deux fonctions importantes, c'est-à-dire la fermeture et l'inflammation, sont déterminées au moyen de trois cylindres creux qui s'engagent l'un dans l'autre, savoir : le *boudin qui sert de monture à l'aiguille et au ressort en spirale*, le *petit cylindre* qui renferme le boudin, et enfin le *cylindre obturateur* ou de la chambre qui contient les deux autres. Un quatrième tube ou *grand cylindre*, échancré à sa partie supérieure et vissé à la culasse, enveloppe les trois premiers, et met le mécanisme en communication avec le canon. Pour opérer la fermeture, on imprime au tube obturateur un mouvement latéral au moyen d'un bouton adapté à sa surface, celui-ci vient rencontrer, par le côté postérieur de sa base en o, le tenon à face oblique du grand cylindre. Il suffit de frapper un coup sur le bouton pour faire serrer la partie conique M du tube obturateur contre la partie correspondante de l'embouchure de la culasse.

L'obturateur doit reculer suffisamment pour que l'ouverture qu'on détermine permette d'y placer la cartouche en inclinant légèrement la pointe de cette dernière vers son logement. La longueur de la partie cylindrique du calepin est donc un *minimum* par rapport à la distance Mo, qui est égale à la quantité dont le tube obturateur recule et à la longueur de l'échancrure du cylindre extérieur ou grand cylindre.

Pour produire l'inflammation de l'amorce, l'aiguille devra donc avancer de la longueur cb; le petit tube et le boudin de l'aiguille devront avancer ou reculer de cette même quantité ; il faut également que la tension du ressort en spirale réponde à ces mouvements. Pendant les opérations du chargement et du tir, les différentes parties du mécanisme devront, dans leurs mouvements, parcourir deux longueurs *normales* ac et bc, savoir : le tube obturateur, la longueur ac par rapport au grand tube ; le petit tube, celle bc par rapport au tube obturateur et $bc + ac$ ou $ac + bc$ par rapport au tube extérieur ; ensuite le boudin de l'aiguille, la distance bc par rapport au tube obturateur et au petit tube, et par rapport au grand tube $bc + ac$ lorsque le fusil est armé et $ac + bc$ lorsque le coup part. Sous k et l les deux crans qui servent à fixer le grand ressort au tube obturateur, et qui déterminent les deux positions du petit tube dans le mécanisme, devront être au moins distants de la longueur bc (1); cette distance correspond en même temps à celle dont la tête du boudin du ressort doit se trouver de la gâchette **A**. Quant à la longueur de la fente pratiquée au-dessous du tube obturateur, et dans laquelle se meut la gâchette, on a comme minimum : $ac + bc + A$ pour le petit tube, et $ac + A$ seulement pour le tube obturateur; on donne néanmoins une plus grande longueur à cette fente, afin de faciliter le nettoyage de la chambre.

Il résulte de ce qui précède que l'on a : $ac = Mo$; $bc = hi$; $gi = ac + bc + A$. Dans ces différentes

(1) Le cran k est plus fort que celui en l, afin d'empêcher le petit tube d'avancer au delà de la quantité voulue et de sortir du mécanisme.

égalités, les deux longueurs fondamentales dont il a été question plus haut sont des quantités minima. Relativement aux autres longueurs, nous remarquerons que la cloison *de*, qui sépare la chambre à air des autres parties du mécanisme, ne doit être guère plus faible qu'une culasse ordinaire. Voici ce qui se rapporte à la longueur du ressort en spirale : lorsque ce ressort est relâché et occupe la position *hm*, ainsi qu'on le voit dans la figure 4, il doit pouvoir porter un poids d'environ 5 kilogrammes, et à l'état comprimé se serrer au moins de la quantité $hi = bc$, sans exiger de trop grands efforts. Il suit de là qu'un ressort en acier suffisamment solide doit avoir à l'état libre quatre fois et demie la longueur du chemin *bc* à parcourir, trois fois cette même longueur dans le mécanisme et deux fois lorsque le fusil est armé. Par rapport au ressort du fusil à aiguille modèle 1841, pesant $10^{gr},5$, en fil d'acier de $1^{mm},2$ de diamètre, et faisant 38 tours (1), on a les longueurs suivantes : à l'état libre 115 millimètres, dans le petit tube 75 millimètres, et lorsque le mécanisme est tendu 46 millimètres; 24 millimètres correspondent à la quantité dont l'aiguille pénètre dans la cartouche, et environ 29 millimètres à sa longueur parcourue dans l'intérieur du mécanisme ($hi = kl$), c'est-à-dire un peu plus de la distance réglementaire *bc*.

En raison du poids considérable de l'arme, on a

(1) D'après les données prussiennes ce ressort fait de 37 à 43 tours et peut supporter un poids de 5 à $5^k,5$; son diamètre ne doit pas dépasser 1 millimètre.

réduit les dimensions du mécanisme, tant dans les nouveaux modèles que dans les anciens. Ainsi qu'on peut le voir par la figure *h*, il se présentait dans ce cas deux marches à suivre (en supposant qu'on ne tînt pas compte des dimensions normales, et auxquelles on ne peut toucher sans changer les principales parties du système) : 1° ou de diminuer la longueur *cd*, c'est-à-dire la profondeur de la chambre à air, ce qu'on a fait dans la carabine prussienne et autres fusils du même système fabriqués hors de Prusse; 2° ou d'avancer le ressort en spirale, ce qui permet de réduire considérablement la longueur *gh*, qui correspond à la partie cylindrique du boudin *s* en avant de la spirale, et celle *im* du petit tube et du ressort en spirale; mais dans le but de ne rien changer à la distance qui sépare le bec de la gâchette de la tête du boudin *s*, on placera autour du ressort un tube assez mince, sur lequel on appliquera les ressauts qui servent de points d'appui à la spirale. La carabine prussienne et le fusil Schilling dont il sera question plus tard, ont un mécanisme ainsi tronqué. D'autres moyens pour obtenir l'allégement du mécanisme consisteraient à diminuer le diamètre des différentes parties du système, à réduire le calibre, ou enfin à faire pénétrer dans l'intérieur du canon l'extrémité du tube obturateur, au lieu de l'appliquer sur l'extérieur de la culasse. Tout dépend du diamètre de l'obturateur jusqu'à une certaine limite imposée soit par les dimensions du ressort, soit par d'autres conditions.

L'obturateur du fusil à aiguille, modèle 1841, es

représenté dans la figure 5 à l'échelle de 1/3,25. Sa longueur mesure 195^{mm},5 et son diamètre 25^{mm},5 à la partie postérieure, et 24^{mm},7 à la partie antérieure qui contient la chambre à air ; la fente a 92 millimètres de longueur ; son poids est de 441 grammes. L'embase du bouton fait corps avec le tube de l'obturateur ; à sa partie postérieure, se trouve la surface inclinée dont il a été question plus haut. Cette embase est munie d'un écrou dans lequel pénètre la tige du bouton ; on distingue dans ce dernier la tête, la tige et l'embase. La fente dans laquelle s'engage la gâchette est suffisamment indiquée dans la figure, et son but est facile à comprendre d'après ce qu'il a été dit précédemment. L'entaille placée à l'extrémité de l'obturateur est destinée à recevoir le bec du grand ressort au moyen duquel on tend le mécanisme et l'on maintient en place le petit tube et le cylindre obturateur. Ainsi qu'on le voit par la figure 4, la chambre de l'obturateur a un plus grand diamètre à sa partie postérieure, et est pourvue près de l d'un ressaut sur lequel viennent successivement s'appuyer les crans du grand ressort. Ce ressaut n'existe pas en dessous, de sorte que l'on peut sortir le mécanisme du petit tube en le tournant au moyen du téton qui le termine. Le tube de l'aiguille sert de cloison entre la chambre à air et le mécanisme ; on y distingue le corps avec son filetage, la partie conique et le carré ou partie postérieure destinée à recevoir la clef d'écrou.

Le petit tube du fusil à aiguille, modèle 1841, est

représenté dans la figure 6 à la même échelle que l'obturateur, et mesure 154 millimètres en longueur et 18^{mm},7 en diamètre ; son poids est de 218 grammes (y compris celui du boudin et du ressort en spirale). La partie antérieure du grand ressort est munie d'une griffe qui agit sur la tête K du boudin, dès qu'on recule l'obturateur. On distingue : la fente dans laquelle s'engage la gâchette, la surface extérieure sur laquelle repose le grand ressort, l'entaille dans laquelle pénètre le bec du grand ressort, le téton ou talon sur lequel on appuie le pouce lorsqu'on veut faire avancer ou reculer le petit cylindre, l'ouverture donnant passage à l'aiguille, le grand ressort avec sa griffe, ses deux crans et son bec.

La partie de l'aiguille qui se trouve en avant du montant du boudin (fig. 4) est d'acier ; l'autre extrémité, placée dans le boudin, est de laiton. Ce boudin antérieur de laiton se termine par une vis qui pénètre dans un écrou pratiqué à la tête du boudin postérieur et opère la liaison de ces deux petits tubes creux. L'aiguille d'acier est soudée dans la tête du boudin de laiton ; l'élasticité dont jouit l'étain qui compose la soudure est très-favorable pour amortir la secousse que reçoit l'aiguille, dans le cas où le sabot n'a pas la longueur normale.

La tête K du boudin qui vient frapper contre le carré de la cloison, lorsqu'on fait feu, porte un quadrillage, lequel est recouvert d'une solide rondelle en cuir, destinée à empêcher l'entrée des gaz dans le canal de l'aiguille, inconvénient auquel on n'a pu entièrement remédier. Le boudin pèse 46^{gr},5 avec l'aiguille, et 57 grammes avec le ressort en spirale.

La gâchette A et son ressort jouent un rôle important dans le mécanisme. Il est facile de voir, d'après la figure 4, que la tête K' du boudin vient glisser sur le bec de la gâchette, et se placer en arrière de ce levier, de manière à maintenir au bandé le ressort en spirale. Cette gâchette remplit donc l'office d'un véritable régulateur dans le mécanisme; elle sert à contenir ou relâcher le ressort en spirale, maintient l'obturateur dans le grand cylindre, guide les mouvements du petit cylindre et empêche ce dernier de sortir du mécanisme aussi longtemps que l'obturateur se trouve dans le cylindre extérieur.

La détente qui communique avec le ressort au moyen de la charnière p, porte trois crans qui viennent successivement porter contre la partie inférieure du mécanisme. Dès que le second cran prend son appui (ce que l'on sent facilement lorsqu'on presse la détente), le mécanisme est suffisamment serré, et une légère pression suffit pour faire partir le coup. Si l'on veut retirer l'obturateur de son logement, on presse la détente jusqu'à ce que le troisième point vienne appuyer.

Tout bien considéré, ce mécanisme, quoique susceptible d'améliorations, n'en est pas moins simple et ingénieux. M. le major Rustow l'a avec raison appelé « *un ouvrage d'art sans artifices* »; ses principes de construction ont quelque analogie avec ceux du système d'attache de la baïonnette au canon. Pour le démonter, il suffit de saisir d'une main le petit cylindre en pressant avec les doigts sur le devant de la spirale, pendant que de l'autre main on agit sur le grand ressort ; on se sert d'une clef pour dévisser le tube de l'aiguille, opération que l'on ne doit pas confier au soldat non gradé. Il n'existe aucun danger pendant le chargement, et l'on ne peut armer avant que l'obturateur soit serré sur la culasse, car ce n'est que dans ce moment que l'entaille supérieure de l'obturateur correspond à celle du cylindre extérieur, de manière que le bec du grand ressort et le têton, servant de point d'appui au pouce, viennent s'engager dans ces entailles respectives. On ne peut ouvrir le mécanisme avant que le petit cylindre avec le boudin soit retiré dans l'obturateur, et par conséquent que l'aiguille soit dans son canal.

On peut retirer le petit cylindre entièrement de son logement, dès que l'obturateur vient toucher par son bouton le tenon à face oblique du cylindre extérieur, mais à condition toutefois que la détente repose sur son second cran ; dans le cas seulement où le ressort de gâchette est à l'état complet de tension, on peut retirer entièrement l'obturateur en lui imprimant un mouvement de rotation vers la droite ; d'après ce qui précède, il est clair qu'aucune des parties du mécanisme n'est sujette à se perdre.

Pour nettoyer l'âme, il suffit de sortir l'obturateur et de verser de l'eau dans le canon au moyen d'un entonnoir engagé dans la culasse. Cette opération se fait assez facilement même après un long tir, le sabot balayant les rayures, et l'encrassement se produisant de préférence du côté de la fermeture. On pourrait au besoin introduire par la culasse un bouchon de papier dans l'âme, et chasser les résidus de poudre et autres susceptibles d'y adhérer. Dans un cas pressant, et lorsqu'on n'a pas le temps d'opérer le lavage de l'obturateur, on doit y suppléer par un grattage à l'aide d'un outil; ceci s'applique également au canal de l'aiguille. La vapeur d'eau est encore préférable à tous les procédés de nettoyage indiqués ci-dessus, et quoique cette ressource fasse défaut dans maintes circonstances, les appareils qui remplissent cette fonction n'en méritent pas moins de fixer l'attention (1).

Il importe que les différentes parties du mécanisme et les surfaces des cylindres qui servent à produire l'obturation soient légèrement onctueuses; on remplit habituellement de suif le canal de l'aiguille, afin de supprimer le vent et éviter toute fuite de gaz. Pendant le combat, on pourrait au besoin essuyer l'aiguille avec le doigt humecté. Il est indispensable, avant le chargement, de sortir du logement de la cartouche les débris de papier qui pourraient y rester ou de les pousser en avant, on peut même, au besoin, faire cette opéraration en soufflant dans le canon. Les réparations à faire au fusil à aiguille pendant un laps de temps plus ou moins grand, ne sont pas plus fréquentes et plus

____

(1) M. le lieutenant saxon de Keller a construit à Bautzen des appareils de ce genre; nous ignorons le cas qu'on en a fait en Prusse.

dispendieuses que dans le cas d'un bon fusil qui se charge par la bouche. Si l'on parvient à donner plus de solidité au système de fermeture et à éviter sa prompte usure par l'action des gaz, le fusil à aiguille sera même supérieur à l'autre sous le rapport de la conservation.

Le canon en acier fondu approprié au système de chargement par la culasse, possède une résistance plus que suffisante ; dans l'état actuel de l'arme, il n'y a donc que la fermeture qui soit susceptible de se détériorer ; le métal indiqué remédie en partie à cet inconvénient, et c'est au constructeur à faire le reste. Si l'on se sert de deux cylindres creux pénétrant l'un dans l'autre, il faut, pour obtenir une bonne obturation, que le bout du cylindre intérieur, principalement, ne soit pas trop gros, et jouisse d'une ténacité et d'une élasticité suffisantes pour obéir à la pression des gaz. Il est nécessaire, pour que l'obturation se fasse dans de bonnes conditions, que les deux embouchures des cylindres soient terminées en biseau. Dans le modèle prussien indiqué figure 4, l'obturateur est plus fort du côté du bouton, c'est-à-dire sur la droite, et dans ces cas l'action destructive des gaz exerce son effet sur la partie gauche de ce cylindre. On obtient surtout une bonne fermeture si le bout de l'obturateur est mince, élastique, d'une surface extérieure peu inclinée et pourvue de deux ailettes conductrices placées aux extrémités d'un même diamètre. Le fusil à aiguille Dœrsch et Baumgarten est construit d'après ces principes ; l'obturateur pénètre par son extrémité plus mince dans la culasse; aussi la détérioration est-elle moins sensible que dans le système prussien.

Ainsi qu'on l'a dit plus haut, dès que l'embouchure de la culasse et celle de l'obturateur ont subi un haut degré d'usure, il devient indispensable de les remplacer et de souder deux autres bouts à leurs pièces respectives. En Prusse, on se sert d'une embouchure de culasse mobile d'acier; l'expérience constatera si ce procédé, indiqué par la *Gazette militaire générale*, est bon, car il engendre d'autres difficultés.

C'est l'aiguille qui nécessite le plus de réparations par suite des fréquentes torsions auxquelles elle est sujette; on devra donc rejeter les aiguilles trop faibles et remplacer celles qui n'ont plus la longueur suffisante; il n'est pas nécessaire, dans ce dernier cas, d'avoir recours à un armurier, les sous-officiers et même les soldats adroits pourront faire cette opération. En frappant de légers coups sur le boudin de laiton, on allonge une aiguille devenue trop courte.

En campagne, chaque soldat est pourvu d'un approvisionnement d'aiguilles et de rondelles de cuir (pour couvrir la tête du boudin). Quoiqu'il ne soit pas indispensable de sortir le boudin de son logement pour remplacer une aiguille, il est néanmoins prudent de le faire afin d'éviter la chute de la rondelle et d'empêcher l'accès des gaz dans l'intérieur du mécanisme, ce qui favoriserait l'encrassement.

Le ressort en spirale est peu sujet à se détériorer, et il suffit d'en avoir une petite réserve par escouade en campagne. Les faibles dimensions du grand ressort et de la spirale facilitent le jeu du mécanisme. Grâce aux soins qui ont présidé à la construction de ce dernier, on a pu se borner à l'emploi de deux vis; l'une pour le tube, l'autre pour le montant de l'aiguille.

Le tube de l'aiguille est également une des parties faibles du mécanisme; on doit user de précautions tant pour le mettre en place que pour le dévisser; l'essentiel consiste à bien le fixer dans son logement, dans ce cas les accidents deviennent rares. Il importe surtout d'assurer à l'aiguille un jeu suffisant dans son canal sans permettre aux gaz de pénétrer dans ce dernier, car le nettoyage de cette partie du mécanisme est toujours une opération délicate. S'il se produit quelque élargissement dans le canal de l'aiguille, on peut y remédier en frappant de légers coups sur la surface extérieure du tube.

On obvierait aux inconvénients précédents en diminuant le chemin que l'aiguille doit parcourir, ce qui permettrait de donner à cette dernière un plus grand diamètre, ou de la remplacer par le choc d'un autre corps.

Malgré les imperfections qu'on vient de signaler, le fusil à aiguille n'en restera pas moins une arme très-propre à la guerre si l'on attache, comme en Prusse, une importance spéciale à sa conservation et à la connaissance que le soldat doit en avoir (1).

---

(1) Un officier prussien, qui ne manque pas d'expérience, s'est exprimé ainsi sur le caractère général de cette arme : « Je ne suis pas plus enthousiaste d'un système que d'un autre et ne juge pas notre arme d'après les services qu'elle peut rendre lorsqu'elle se trouve dans

En admettant que dans chaque engagement il y ait un ou deux pour cent de fusils mis hors de service par suite des défauts inhérents au mécanisme, cette perte n'aura pas une haute signification, et le tire rapide des armes intactes sera encore suffisamment efficace si l'ennemi ne peut répondre à un feu semblable au moyen de ses fusils se chargeant par la bouche. L'inconvénient inhérent à ces derniers, c'est-à-dire le chargement incomplet et même nul ou celui de plusieurs balles, est des plus graves sur un champ de bataille ; on peut aussi tenir compte de ce que le soldat oublie fréquemment de retirer la baguette du canon. Le fusil à aiguille donnera sans doute lieu à des dégradations auxquelles on ne pourra pas remédier immédiatement, mais les désavantages qui se rattachent aux fusils se chargeant par la bouche (tels que ratés, défauts dans le chargement) sont moins conséquents dans celui à aiguille, où l'on a bientôt fait de décharger le canon avec la baguette destinée à cet usage, si le coup ne part pas.

Le point capital, et sur lequel il importe de fixer

des mains habiles, mais suivant les résultats qu'on peut en obtenir en la confiant au soldat ordinaire. Depuis 1848, notre bataillon de fusiliers se sert de fusils à aiguille, et à l'heure qu'il est on n'est pas plus prévenu contre eux qu'à cette époque. On méconnaît généralement le caractère d'une arme en n'y voyant que l'effet de la précision, dans le fusil à aiguille tout repose sur les feux de masse. Il serait à désirer que l'on donnât à notre arme à feu le calibre de la carabine suisse, mais l'on se gardera de faire ce changement, car nous perdrions au moins pour le temps de la durée de nos fusils actuels les avantages qui se rattachent à la cartouche spéciale. »

l'attention, consiste dans le manque de résistance des tubes de fermeture ; tous les efforts devront donc à l'avenir se diriger vers le but de remédier à ce défaut. Les résultats obtenus jusqu'à ce jour sont déjà remarquables, et il est prouvé qu'une arme à feu avec laquelle on peut tirer 500 à 600 coups sans y faire de réparations, répond suffisamment aux exigences actuelles et même au delà. Nous tenons de bonne source que, sauf quelques rares exceptions, les fusils à aiguille permettent de tirer cinq ou six séries de 100 coups sans nécessiter aucune réparation ; après un pareil feu il ne manquera pas d'obturateurs qui seront plus ou moins dégradés, mais encore ce désavantage n'influe-t-il pas considérablement sur la justesse du tir. Il est certain qu'à la fin d'une campagne il faudrait renouveler tous les obturateurs, ou au moins une grande partie d'entre eux, mais le succès que l'on aurait obtenu compenserait largement cette perte.

En résumé, quoiqu'il n'ait pas été, jusqu'à ce jour, satisfait en Prusse aux conditions d'un bon système d'obturation, on commettrait une grave erreur en se fondant sur cette lacune pour croire que le fusil à aiguille ne résisterait pas à la durée d'une campagne dans les circonstances actuelles.

CHAPITRE V.

Le chargement du fusil à aiguille est aussi simple que son maniement. M. le major Rustow, en invoquant sa propre expérience, remarque, dans son second volume sur les armes à feu portatives, que lors de la mobilisation des troupes prussiennes en 1859, il reçut, dans la compagnie de landwehr qu'il commandait, 80 hommes qui n'avaient eu jusqu'alors que le fusil à percussion Minié entre les mains, et qu'au bout de deux jours d'exercice, ces soldats furent à même de pouvoir se servir du fusil à aiguille. Il suffit d'examiner cette arme pour se convaincre que le fantassin peut, en peu de temps, acquérir l'instruction nécessaire pour la manier.

Lorsque le soldat est à la position du port d'arme, la charge s'exécute dans les temps suivants :

1er *temps.* — Position du port d'arme.

2e *temps.* — Abattre l'arme, la main droite appuyée à la hanche, saisir l'arme de la main gauche à la capucine, le bout du canon à hauteur de la visière du casque. Faire un demi-à-droite en portant le pied droit en arrière du talon gauche, la main droite abandonnant la poignée, placer le pouce de cette main sur le bec du grand ressort, les autres doigts derrière le pontet.

3e *temps*. — Presser avec le pouce sur le bec du grand ressort, de manière à reculer le petit cylindre jusqu'au premier cran.

4e *temps*. — Écarter la main droite de six pouces, la tenir arrondie et prête à frapper sur le bouton de l'obturateur.

5e *temps*. — Ouvrir la chambre en frappant de bas en haut avec la paume de la main sur le bouton de l'obturateur.

6e *temps*. — Saisir le bouton avec la main droite et reculer sans effort l'obturateur jusqu'au point d'arrêt.

7e *temps*. — Ouvrir la giberne, saisir avec le pouce et le premier doigt de la main droite une cartouche près du sabot, la placer dans son logement la pointe en avant et un peu baissée.

8e *temps*. — Placer le pouce derrière la cartouche, appuyer fortement dessus.

9e *temps*. — Saisir avec le pouce et le premier doigt de la main droite le bouton, faire avancer le tube obturateur sans efforts, en le tournant de gauche à droite jusqu'à ce que la base du bouton s'appuie contre le tenon du grand cylindre.

10e *temps*. — Tourner l'arme dans la main gauche, le bouton en dessus, et élever la main droite à hauteur de l'épaule, la paume de la main en dessous.

11e *temps*. — Frapper avec la main droite *un* coup sur le bouton, de manière à assurer la fermeture.

12° *temps*. — Saisir le bouton avec le pouce et le premier doigt de la main droite, de manière à prendre la position du deuxième temps de la charge, l'avant-bras au-dessus de la poignée.

Terminer le chargement en se servant du pouce de la main droite pour faire revenir le petit cylindre à sa position primitive.

Ainsi qu'on le voit, le chargement est très-simple. L'expérience acquise en Prusse a confirmé, et nos propres essais nous ont permis de constater, que la fatigue éprouvée par le bras gauche pendant le char-gement est loin de constituer un obstacle sérieux. Il est difficile de placer à rebours une cartouche dans son logement et impossible d'en mettre deux.

CHAPITRE VI.

Les nouveaux modèles prussiens diffèrent du modèle 1841 en ce qu'ils sont plus courts et plus légers; la cartouche est la même.

La longueur de la *carabine à aiguille* modèle 1854 est de 1^m,24, son poids 4^k,816. Le canon est bruni et réuni à la monture au moyen d'anneaux. La hausse porte quatre planchettes au lieu de deux comme dans le modèle 1841, ce qui simplifie le tir et permet de tirer aux distances de 900 et 1000 pas. Le mécanisme ne diffère pas de celui du modèle 1841. La baïonnette a une forme particulière; sa lame ou *pique*, dont on s'est tant occupé, consiste en une baguette de chargement triangulaire et pointue qui, comme la baguette ordinaire, se trouve logée dans un canal pratiqué dans la monture; un ressort placé près de l'embouchoir sert à la fixer au bout du canon. L'arme remplit ainsi l'office d'une véritable pique, grâce à cette baïonnette légère, s'adaptant promptement au canon et très-rapprochée de l'axe de ce dernier. Ces avantages nous paraissent néanmoins peu fondés et médiocres même dans le cas le plus favorable, car la lame est très-flexible et sa réunion au canon manque de solidité.

M. Dreyse aurait, dit-on, amélioré cette pique en consolidant son système d'attache (et par conséquent en raccourcissant la lame); dans les nouveaux modèles prussiens que nous décrirons plus loin, on n'a

pas tenu compte de ces modifications et l'on est revenu
à l'ancien mode de fixation de la baïonnette au canon,
qui a fait ses preuves.

L'invention du fusil-pique est due à feu le général
français Eickemeyer (colonel du génie lors de la red-
dition de Mayence au général Custine). qui avait proposé d'armer les hommes placés au troisième rang,
de fusils munis de longues baguettes triangulaires; il
y a une cinquantaine d'années, l'inventeur exposa ses
idées par écrit et les accompagna de dessins (*Traité
sur des matières de sciences politiques et militaires*, par
le général Eickemeyer, autrefois au service de la
France, Franckfort-sur-le-Mein, 1817, chap. xii). La
baïonnette de ce fusil-pique, destiné à servir à la fois
dans l'attaque et dans la défense, dépassait de 1 mètre
la bouche du canon et donnait à l'ancien fusil une
longueur de $2^m,50$; elle pesait environ 625 grammes,
ce qui ramenait le poids total du fusil à un peu plus
de 5 kilogrammes. Le centre de gravité de cette arme
se trouvait, avec la baïonnette au bout du canon, à
75 centimètres de la plaque de couche, c'est-à-dire à
10 centimètres plus en avant que dans un fusil ordinaire (1).

(1) Le maréchal de Saxe avait conçu l'idée d'armer une partie de
son infanterie avec des piques creuses d'une longueur de quinze pieds
et pesant environ cinq livres. Montecuculli appelait la pique « la reine
des armes de l'infanterie ». En Prusse on s'était proposé non pas de
suivre à la lettre les idées du général Eickemeyer, mais de ramener,
au moyen d'une baïonnette légère et facile à adapter au canon, la
carabine des chasseurs, fort courte, aux dimensions d'une bonne arme
de main.

Revenons à la carabine modèle 1854. Son mécanisme est plus court, résultat auquel on arriva en suivant la marche indiquée précédemment. Cette modification s'applique également à la chambre à air, qui, en raison de ses faibles dimensions, peut s'appeler *chambre à compression* (par rapport au surcroît d'intensité des gaz dans les premiers moments de l'explosion). Le ressort en spirale se trouve plus en avant et est en partie renfermé dans un tube qui porte des ressauts; grâce à cette modification, on a pu diminuer la longueur du grand cylindre, celle de l'obturateur et du petit cylindre contenant le mécanisme, et alléger considérablement ces différentes parties.

Malgré le faible poids de cette carabine, les trajectoires diffèrent peu de celles du fusil et sont même un peu plus tendues d'après nos propres observations; la vitesse initiale de la balle est au moins égale et même un peu plus grande; le recul est peu sensible (et presque nul avec le fusil). Les sabots laissent plus de débris lors de leur combustion et il importe de les chasser du canon avant le chargement. Ce qui précède vient à l'appui de l'hypothèse où l'on admet que le vide placé en arrière de la charge favorise la combustion du papier de la cartouche aussi longtemps que l'encrassement ne s'y manifeste pas, mais n'augmente nullement l'intensité première des gaz.

L'ancienne carabine modèle 1849 diffère de celle de 1854 en ce qu'elle n'a pas de chambre à compression ni de pique; la lame droite de la baïonnette, semblable à un couteau de chasse, est, comme dans le système français, assujettie au canon au moyen d'un ressort et d'une poignée arrondie.

Le *fusil des fusiliers* modèle 1860 porte également une baïonnette de forme droite ; il mesure avec elle environ 1^m,81 et sans elle 1^m,31, c'est-à-dire à peu près 12 centimètres de moins que le fusil de la ligne (1), qui est déjà trop court et incommode dans les feux de rangs. Pour remédier à cet inconvénient, on imagina de placer par-dessus les havre-sacs des hommes du premier rang les ustensiles de cuisine, afin de permettre aux soldats placés en seconde ligne de s'approcher davantage de leurs chefs de file ; il reste à savoir jusqu'à quel point la coiffure actuelle du fantassin (la visière de nuque du casque) se prête à ce mode d'équipement.

Le canon bruni, de 0^m,785 de longueur (2), est réuni à la monture au moyen de tirettes. Le mécanisme et la hausse diffèrent peu de ceux du modèle 1841 ; cette dernière est munie d'un curseur latéral pour corriger la dérivation. Il y a deux longueurs de crosses dont la différence est de 2 centimètres (correspondant à la plus ou moins forte taille de l'homme); on a supprimé la joue saillante qui existait dans le

(1) Par suite des différentes longueurs de crosse du modèle 1860, ces dimensions comparées à celles du modèle 1841, avec et sans baïonnette, sont comprises entre 11,5 et 13,7 centimètres.

(2) Le canon en acier fondu du fusil de fusilier, modèle 1860, mesure 782 millimètres en longueur et pèse seulement 1^k,500 ; ses dimensions extérieures sont : en avant du grand cylindre 31^{mm},2 ; à 10 centimètres de la culasse 25^{mm},2 ; vers le milieu 23^{mm},2, et 21^{mm},5 à la bouche.

modèle 1841. Le poids s'élève à 4^k,50 sans baïonnette et à 5^k,250 avec elle.

Les trajectoires diffèrent peu, à notre connaissance, de celles du modèle 1841 ; le grand avantage de cette arme consiste dans sa légèreté, et d'après sa construction extérieure, il est facile de voir qu'elle répond aux conditions d'un bon fusil de fusilier. La réunion du canon au fût au moyen de tirettes ne semble pas inspirer une haute confiance.

Le nouveau fusil de la ligne modèle 1862 (désigné dans le second volume comme un second fusil de fusilier) diffère de celui modèle 1841 ainsi qu'il suit :

Sa longueur est de 1^m,87 avec la baïonnette triangulaire ordinaire et de 1^m,365 sans elle ; ainsi 6,5 centimètres de moins que le modèle 1841 (1). Ce fusil qui, d'après ces données, a 3 centimètres de plus que le fusil autrichien et 2 centimètres de moins que le fusil russe, nécessite certaines précautions dans les feux de rangs. Il y a néanmoins lieu de considérer qu'en raison de la simplicité de chargement du fusil à aiguille (les mouvements sont moins étendus et le passage de l'arme à gauche n'existe pas), l'homme du second rang peut s'approcher davantage de son chef de file et garder une position plus immobile. De même que dans tous les fusils prussiens actuels, le canon de l'arme en question est d'acier fondu provenant de la

(1) Suivant d'autres données, la longueur de cette arme serait de 1^m,88 avec la baïonnette et de 1^m,38 sans cette dernière, ce qui ramènerait toujours la différence à 5 ou 6 centimètres par rapport au modèle 1841.

fabrique de Bergerschem et mesure 0^m,842; il est bruni et assujetti à la monture au moyen d'anneaux et de ressorts; grâce à la qualité du métal, on a réduit ses dimensions extérieures. La hausse diffère de celle du modèle 1841 en ce que chacun des deux clapets est muni d'une charnière; cette modification a permis de remédier à l'inconvénient du mouvement simultané qui se produisait lorsque la charnière était commune. Elle porte également un curseur latéral pour corriger la dérivation, ce qui n'existe pas dans le modèle 1841.

La baïonnette brunie (1) du modèle 1862 se trouve, comme dans le système français qui a fait ses preuves, assujettie au canon à l'aide d'un anneau et d'une douille, cette dernière ayant 17 millimètres de longueur de moins que dans le modèle 1841. Le coude de cette baïonnette est plus solide et la lame munie de trois pans creux. Il y a deux longueurs de fûts qui diffèrent entre elles de 13 millimètres, la poignée et la crosse ont plus de solidité; les joues sont plates; le canal de la baguette n'a pas de prolongement et son orifice se trouve un peu au-dessus du battant du milieu; la plaque de couche a la forme concave. A ces différents détails, nous ajouterons que la baguette de déchargement est plus légère, que les arêtes du cylindre extérieur qui touchent au bois sont arrondies, que le pontet a plus de longueur et enfin que la détente est cour-

___

(1) Le brunissage du canon doit nécessairement conduire à l'application du même principe aux parties claires du casque et à la suppression des buffleteries blanches.

bée. Le poids total de l'arme diffère de 300 grammes en moins de celui du modèle 1841.

Nous remarquerons que les données précédentes relatives au modèle 1862 ne reposent nullement sur nos propres observations. D'après la *Gazette militaire générale*, il existerait en Prusse une carabine à aiguille modèle 1863, ayant le même mécanisme que le modèle 1854, et munie d'une baïonnette semblable à celle des modèles 1849 et 1860. Nous ne pouvons donner d'autres renseignements sur la forme de cette carabine, dont les principes de construction paraissent reposer sur ceux qui ont présidé à la fabrication des modèles antérieurs.

Le mousqueton à aiguille de la cavalerie prussienne a un mécanisme court analogue à celui du modèle 1854 et se rapproche, quant au reste, de la forme du mousqueton ordinaire. Le guidon s'engage dans une ouverture pratiquée dans l'embouchoir.

CHAPITRE VII.

Suivant Gündell, l'armée hanovrienne fait depuis plusieurs années une série d'expériences sérieuses et intéressantes avec des fusils du système à aiguille. La gazette autrichienne *le Camarade* a fait mention, dans un récent article, d'essais comparatifs de tir qui eurent lieu avec des fusils à tige (modifiés d'après le système Lindner) et des fusils à aiguille provenant de la fabrique Crause du Herzberg; nous ignorons les résultats de ces épreuves.

Le *fusil à aiguille brunswickois* diffère peu, quant au calibre et à la construction, de la carabine prussienne modèle 1854; sa cartouche est à peu de chose près la même que celle dont on se sert en Prusse. A en juger par les résultats du tir de cette arme, l'emploi de la chambre à compression augmenterait la vitesse initiale de la balle oblongue. A Brunswick, on a également fait des expériences avec des balles oblongues de petit calibre et de faible poids; les résultats de ces épreuves nous sont inconnus.

Le *fusil à aiguille de la Hesse électorale*, sorti des ateliers de M. Crause, du calibre de 15^{mm},43, est, dit-on, également fabriqué d'après le système prussien et diffère peu, quant à la longueur et quant au poids, du modèle prussien 1862.

A en croire les articles des journaux, le fusil hessois aurait subi différentes modifications. Nous ignorons en quoi elles consistent et si le mécanisme d'obturation se rapproche davantage de celui du modèle 1844 que du modèle 1854 ou s'il a une forme particulière. La hausse serait celle que nous avons proposée (dans le 1er volume de nos N. Ét.) et qui en Hesse a reçu le nom de hausse Gabel.

Grâce aux fructueuses recherches de M. le capitaine Dy relativement à l'amorce fulminante, on a pu créer une cartouche très-propre à la guerre et fort durable.

Faute d'autres données sur le fusil hessois, nous ne pouvons compléter nos renseignements précédents. Il restera néanmoins comme un fait établi que, là comme ailleurs, on serait arrivé, après maints essais sérieux, à fabriquer dans de bonnes conditions un fusil à aiguille et une cartouche.

En réduisant à 17 grammes et à 11 millimètres les poids et calibre du projectile, on a obtenu une cartouche très-légère (son poids total est d'environ 26 grammes, dont $4^{gr},5$ pour le sabot et autant pour la charge). On a dû augmenter considérablement l'épaisseur des parois du sabot afin d'arriver à une rotation plus régulière de la balle, vu la différence très-sensible qui existe entre le calibre de la balle et celui de l'âme (un peu plus de 4 millimètres). La grande justesse de tir du fusil hessois prouverait qu'il est possible d'étendre jusqu'à cette limite l'application des principes prussiens relatifs au forcement par le sabot. Il importe que ce dernier soit fabriqué (roulé et pressé) avec tous les soins nécessaires pour donner lieu à de pareils résultats.

D'autres expériences avec sabots renforcés et balles

de petites dimensions qui ont eu lieu depuis longtemps (nous ignorons si c'est avant ou après celles de la Hesse électorale) tant à Bückebourg qu'à Suhl et à Brunswick, ont permis de constater que la balle hessoise n'est pas inférieure aux autres sous le rapport de la régularité des trajectoires. Il résulte de ce qui précède un fait que d'autres expériences ont confirmé et qui se justifie dans la théorie, savoir : qu'en diminuant le diamètre et le poids de la balle oblongue, on ne réalise qu'*une partie* des avantages qui se rattachent au plus petit calibre. La réduction du poids de la cartouche constitue sans doute un progrès incontestable, mais pour imprimer à la balle oblongue légère la vitesse initiale de la balle suisse, il conviendrait, à côté du rapport favorable qui existe entre le poids de la balle et celui du fusil, de tirer un meilleur parti de la force expansive des gaz de la poudre en diminuant le calibre du canon.

Le sentiment patriotique dont on fit preuve en Allemagne en adoptant le fort calibre prussien, est sans doute digne de louange et a sa raison d'être au point de vue militaire, mais il ne faut pas s'étonner alors si la balle légère le cède à la balle prussienne sous le rapport de la force de percussion et ne l'emporte guère sur cette même balle relativement aux espaces battus.

La manufacture d'armes de MM. Dœrsch et Baumgarten, à Suhl, est depuis plusieurs années autorisée à fabriquer un fusil à aiguille de sa propre invention et qui sous plusieurs rapports se montre supérieur au système prussien.

M. le major Rustow a donné une description complète de cette arme en y joignant ses observations personnelles; nous nous contenterons donc, en profitant des communications bienveillantes des inventeurs et en nous basant sur notre propre vérification, de résumer les principales parties du mécanisme dont la construction repose sur les principes exposés dans le chapitre IV.

La figure 7, à l'échelle du tiers, représente le dessus d'un fusil construit d'après le système Dœrsch et Baumgarten (le mousqueton de cavalerie de ce système a le même mécanisme que le fusil). On voit, d'après la gravure *b*, de quelle manière la partie postérieure du canon est appropriée au mécanisme; le cylindre qui contient ce dernier est muni, en haut et en bas, de coches inclinées destinées à recevoir les deux ailettes prismatiques de l'obturateur. Un bouton se trouve vissé dans l'anneau du fond, sa partie inférieure pénètre dans l'entaille coudée de l'obturateur (fig. 8) et règle les mouvements de va-et-vient de ce dernier. Ainsi qu'on le voit par la figure 7, l'embouchure de l'obturateur pénètre dans le logement de la cartouche et détermine la fermeture au moyen des deux ailettes prismatiques. Il n'y a donc pas de pertes de gaz ni dégradations d'un même côté; l'embouchure de l'obturateur permet également de donner à la cartouche une position plus régulière dans son logement et tolère par conséquent davantage une petite différence dans la longueur des sabots que le système prussien.

L'embouchure de l'obturateur entoure une petite chambre à air (analogue à la chambre dite à compression de la carabine prussienne) ; la partie antérieure du tube de l'aiguille a une forme légèrement conique. Le petit cylindre qui contient le mécanisme, ainsi qu'on le voit dans la fig. 8, a une faible longueur et sert à tendre ou à relâcher le ressort en spirale ; dans son mouvement de va-et-vient ce petit cylindre, au moyen de sa fente coudée dans laquelle s'engage la vis directrice du bouton de l'obturateur, se guide dans le cylindre obturateur de la même manière que ce dernier marche dans le grand cylindre. Pour armer on exerce avec le pouce une pression sur le talon qui termine le petit cylindre, de manière à faire reculer le mécanisme que l'on tourne légèrement vers la droite.

Le grand ressort est vissé à la tête du boudin de l'aiguille et consolidé au moyen d'une pointe rivée ; son bec sert à tendre le mécanisme, la détente agit de bas en haut sur la griffe de ce ressort. La fig. 8 représente ce mécanisme à trois moments différents de son jeu : à droite l'on voit le petit tube reculé assez pour que le cran du grand ressort touche le ressaut qui se trouve dans l'obturateur, et que le bec de ce ressort soit à distance convenable de l'obturateur ; dans la figure du centre le petit cylindre est reculé dans l'obturateur et, par conséquent, le ressort de spirale serré entre la tête du boudin et l'extrémité postérieure du petit cylindre (pendant le mouvement le grand ressort se guide dans la fente inférieure de l'obturateur); enfin, à gauche le ressort en spirale est débandé par suite de la pression que la détente a exercée sur la griffe du grand ressort.

La gâchette passe par l'entaille pratiquée dans la plaque de recouvrement qui se trouve en arrière (fig. 7 *a*) et agit sur le bec du grand ressort. Pour mettre la gâchette en mouvement, on peut se servir soit d'une détente ordinaire, soit d'un mécanisme dans lequel une tige quelconque provoque cet effet; le premier cas est toutefois préférable pour des armes de guerre.

Le déplacement du mécanisme nécessite l'emploi d'un tournevis (servant à extraire les deux vis conductrices); dans le système prussien on défait les principales parties de la boîte sans le secours d'aucun outil. A côté de cet inconvénient il en existe un autre plus grave et qui consiste dans la perte possible des deux petites vis lors du démontage du mécanisme, et ceci s'applique surtout à la vis de l'obturateur; on peut toutefois y remédier facilement en donnant à cette dernière une forme telle qu'il devienne impossible de la sortir entièrement de son logement lors de l'opération du dévissage.

En résumé, nous partageons l'opinion favorable que M. le major Rustow a émise sur ce système, et nous ne craignons pas de désigner ce dernier comme supérieur à celui du fusil à aiguille prussien par suite des améliorations qu'on y a introduites.

Voici quelques données relatives aux différents modèles de ce système:

N° 1. — *Fusil d'infanterie légère* avec canon en acier bruni et baïonnette ordinaire. Longueurs, 1^m,775 et 1^m,275 ; poids, 4^k,83 et 4^k,431, avec ou sans baïonnette ; longueur du canon en y comprenant le cylindre qui renferme le mécanisme, 0^m,91 ; longueur de l'âme 0^m,77 ; hausse Gabel ; quatre rayures constantes, de mêmes dimensions que les pleins et à arêtes vives, de 4 millimètres de profondeur et faisant un tour sur 1^m,44.

La figure 9 représente la cartouche de ce fusil : l'amorce fulminante est recouverte d'une feuille d'étain et placée dans une cavité pratiquée au culot de la balle, la partie cylindrique de cette dernière porte des cannelures sur lesquelles s'applique une double enveloppe de carton. Poids : de la balle, 37^gr.5 ; de la charge composée de poudre fine de chasse, 5^gr,1. Quoique trop courte pour les feux de rangs, cette arme l'emporte tellement en légèreté sur le fusil de ligne prussien, que, dans les mêmes circonstances du tir, ses balles auraient à décrire en l'air des trajectoires bien plus courbes. Si, malgré l'emploi d'une balle beaucoup plus lourde, ce fusil a donné à peu près les mêmes trajectoires que le modèle prussien, cela prouve en faveur de son mode d'obturation, de ses rayures à arêtes vives et à faible pas.

N° 2. — La *carabine* du même système est en acier bruni avec baïonnette droite en forme de couteau de chasse ; pendant le tir on supprime cette dernière. Longueur, 1^m,26 ; poids, 4^k,83 ; longueur du canon avec cylindre de mécanisme, 0^m,895 ; longueur de l'âme, $0^m,75$; mêmes hausse et rayures que le fusil, le pas de ces dernières est de $0^m,94$.

La figure 10 donne le dessin de la cartouche fabriquée d'après le système prussien : longueur $0^m,060$; poids de la balle : $30^{gr},6$; du sabot avec amorce : $4^{gr},12$; de la charge : $4^{gr},7$; de la cartouche entière : $40^{gr},1$.

N° 3. — Autre modèle de *fusil d'infanterie* du même système, calibre : $13^{mm},2$; canon en acier bruni et baïonnette ordinaire. Longueurs, $1^m,87$ et $1^m,37$; poids , $4^k,332$ et $3^k,983$, avec ou sans baïonnette ; longueur du canon avec cylindre de mécanisme , $0^m,948$; de l'âme, $0^m,81$; hausse et rayures comme dans les deux modèles précédents ; le pas de ces dernières est de $1^m,046$.

Les données précédentes permettent de considérer cette arme comme un fusil d'infanterie de ligne, car elle se rapproche assez des dimensions *normales* et de celles du fusil de ligne prussien, modèle 1862. Grâce au tronquage que le mécanisme de fermeture a subi, le poids de ce fusil se trouve, pour ainsi dire, réduit à un minimum.

La cartouche représentée dans la figure 11 montre que l'on a également reconnu à Suhl la nécessité de réduire le poids de la cartouche prussienne. L'inconvénient d'avoir une charge trop faible ou trop longue et qui paraît inhérent aux armes de petit calibre, se fit aussi sentir dans ce cas avec un canon de $13^{mm},2$ de diamètre (ce qui fait $2^{mm},2$ de moins que dans le modèle prussien). La charge prend $24^{mm},5$ de longueur avec 3^{gr},8 de poudre, et 31^{mm},5 avec 4^{gr},9, ce qui augmenterait considérablement les limites imposées aux dimensions du mécanisme. La balle oblongue, dont le plus grand diamètre mesure 11 millimètres et dont la longueur est de 25^{mm},5, pèse 18^{gr},2.

La figure 12 représente une cartouche qui appartient également au fusil décrit précédemment. La balle à expansion du calibre de 14 millimètres est du poids de 25^{gr},4; la charge avec des longueurs d'étui de 24^{mm},5 et 31^{mm},5, pèse 3^{gr},8 ou 4^{gr},9. Ces dimensions méritent une attention toute particulière dans les principes de construction du fusil à aiguille en général.

Faute de données sur les résultats obtenus dans le tir de ce dernier fusil au moyen des deux cartouches que l'on vient de décrire, nous nous bornerons à constater ce fait : que les trajectoires de la balle représentée fig. 11 sont un peu plus tendues que celles de la balle fig. 12, et que leurs courbes se trouvent entre celles des balles de l'Allemagne du Sud et de la Suisse, mais sont loin d'approcher du degré de tension de ces dernières.

Nous signalons la *carabine de Bückebourg* comme la meilleure des armes à feu sorties jusqu'à ce jour des ateliers de MM. Dœrsch et Baumgarten. Les détails sur le développement de cette carabine, que nous devons à la bienveillance de M. le capitaine Funck de Bückebourg, et les données qui sont le résultat de notre propre vérification ainsi que celles fondées sur les expériences faites par une commission de l'arsenal du grand-duché de Hesse-Darmstadt, prouvent, d'une

part, que cette arme est praticable à la guerre, et,
d'autre part, qu'un petit contingent allemand a su,
grâce à ses efforts et à ses travaux techniques, rendre
de bons services à l'armée de la Confédération. En se
proposant de faire des chasseurs de Bückebourg (c'est-
à-dire de Schaumbourg-Lippe) un corps spécial et
distingué, on a invoqué de nobles souvenirs historiques (1).

Du moment que l'on tenait à conserver la cartouche
prussienne, et par conséquent le même calibre d'âme,
il fallut nécessairement renoncer d'avance aux améliorations à introduire dans la forme des trajectoires.
Par contre, on a réalisé d'importants progrès en per-
fectionnant le mécanisme de fermeture, la cartouche
et notamment le sabot de cette dernière.

N° 4. — La *carabine de chasseurs de Lippe-Schaum-
bourg*, du calibre prussien de 15^{mm},43, répond par sa
construction extérieure à une arme à feu élégante et
solide. Le canon est bruni, et l'on y a évité avec soin
toutes les parties tranchantes et à arêtes vives; par
suite de sa forme particulière, le mécanisme flatte
davantage la vue que celui du système prussien.
Le canon est maintenu à la monture au moyen d'un
embouchoir en laiton et de deux tirettes ; à notre avis,
il eût mieux valu se servir d'anneaux comme dans

(1) Le célèbre maréchal portugais et général d'artillerie hanovrien
comte Guillaume de Lippe, le fondateur du roc Guillaume sur le lac
Steinhoude (Westphalie), avait déjà, de son temps, donné la plus vive
impulsion au développement technique et artistique des armes à feu
portatives rayées.

le système anglais. Cette carabine est munie de la hausse hessoise, dont il a été plusieurs fois question dans ce chapitre; la première ligne de mire porte à 300 pas, et à l'aide des divisions latérales du cadran on tire depuis 400 jusqu'à 1000 pas.

La baïonnette ou lame droite à deux tranchants mesure 0^m.495 en longueur, sa poignée arrondie se fixe au bout du canon au moyen d'une agrafe et d'un ressort. Le centre de gravité de l'arme se trouve à 65 centimètres de la plaque de couche lorsque la baïonnette est au canon, et à 55 centimètres sans cette dernière. Les rayures, au nombre de quatre, ont 0^{mm},4 de profondeur et 5^{mm},7 de largeur (cette dernière dimension un peu moins forte que dans les pleins); leur pas est de 94 centimètres.

Voici les longueurs des différentes parties de cette arme : 1^m.751 et 1^m,256 avec ou sans baïonnette; canon en acier fondu en y comprenant le cylindre du mécanisme de même métal, 0^m,895; cylindre, 0^m.110; ouverture supérieure de ce dernier, 0^m,076; l'âme, 0^m,752; la chambre, 0^m,117; le boudin de l'aiguille, 0^m,104; l'aiguille avec monture en laiton et devant en acier, 0^m,157; dans le cas où le ressort en spirale est comprimé, sa hauteur de 85^{mm},5 se réduit à 54^{mm},2; sa longueur à l'état libre mesure 0^m,130. Diamètres extérieurs du canon : un peu en avant du grand cylindre, 29 millimètres; près de la hausse, 28^{mm},75; à égale distance du grand cylindre et de la bouche du canon, 24 millimètres; à la bouche, 22 millimètres. Diamètres : de la chambre, 23 millimètres; du petit cylindre, 15 millimètres; de l'aiguille en acier, $1^{mm},25$. L'obturateur parcourt dans le grand cylindre $58^{mm},7$; le boudin de l'aiguille dans l'obturateur, $28^{mm},5$, et dans le grand cylindre, $57^{mm},2$; l'aiguille pour percer l'amorce dépasse le devant de son tube de $25^{mm},9$, et dans son mouvement de retraite laisse une distance de $2^{mm},3$ entre sa pointe et l'orifice antérieur de son tube. La chambre s'ouvre, lors du recul de l'obturateur, de 50 millimètres, et offre, par conséquent, plus de commodité au placement de la cartouche que le fusil prussien, modèle 1841, dont le logement destiné à recevoir la cartouche ne présente, dans la même circonstance, qu'une ouverture de 46 millimètres. Poids: de l'arme, $4^k,492$ sans baïonnette, et $5^k,242$ avec elle; du canon avec cylindre et les différentes parties du mécanisme, $2^k,461$ (dont $2^k,62$ pour le canon et le cylindre, 293 grammes pour l'obturateur et 103 grammes pour le boudin de l'aiguille avec ses accessoires); de la monture avec garnitures et baguette, $2^k,31$; de la baïonnette sans fourreau, 750 grammes. Poids total de l'arme, $5^k,242$.

Ces données ont une haute importance dans leur comparaison avec les dimensions du modèle 1841, et permettent d'apprécier en entier le système à aiguille, ainsi que de juger des améliorations qu'il y aurait lieu d'y introduire.

M. le capitaine Funck a eu la gracieuseté de nous communiquer la note suivante relativement à la durée et à la conservation de cette arme : Un chasseur de première classe, employé pendant tout le temps aux expériences, tira 20 000 coups avec la même carabine. Les dégradations qu'on eut à constater à l'issue des épreuves se bornèrent aux suivantes : 1° le grand ressort avait subi, du côté de la tête du boudin de l'aiguille, un relâchement auquel on remédia au moyen d'une pointe, sans qu'il en résultât aucun dérangement pour le mécanisme ; 2° après une série de 10000 coups la fermeture se fit moins bien, ce que l'on corrigea en remandrinant l'embouchure de l'obturateur à l'aide d'une balle en fer qui y fut introduite et sur laquelle on frappa des coups de baguette : cette opération eut lieu à froid et sans nécessiter le démontage du mécanisme ; 3° le canal de l'aiguille, qui s'était élargi au bout de 15000 coups, occasionna un faible crachement ; on dut remplacer le tube de l'aiguille. Le mécanisme de cette carabine fonctionna comme auparavant à la suite de ces réparations. En supposant donc que celles-ci fussent trois fois plus importantes dans le cas où cette arme se trouverait entre les mains de tireurs moins adroits et au milieu de circonstances de guerre, le résultat obtenu n'en continuerait pas moins d'être satisfaisant.

La fig. 13 représente la cartouche de cette carabine, faite d'après le système prussien (avec sabot d'ancienne forme). Elle a, en général, bien réussi ; son enveloppe en carton, avec doublure en feuille d'étain, est élégante et sûre.

M. le capitaine Funck de Bückebourg vise depuis deux ans au moyen d'introduire une balle oblongue plus légère, avec sabot renforcé. La fig. 14 représente en *a*, *b* et *c*, trois modèles différents de cartouches qui, parmi une série d'autres cartouches soumises aux expériences, ont donné les meilleurs résultats dans le tir. On ne tardera pas à adopter définitivement un modèle de ce genre qui, par sa forme et son poids, se rapprochera probablement de celui indiqué en *c*, fig. 14. Le diamètre de cette balle est de 12^{mm},2.

Les grandes fabriques de Suhl, Spanberg, Sauer et Sturm, ainsi que celle de M. Ch. Schilling, ont également reconnu l'importance de créer des fusils à aiguille d'un petit calibre. Nous ignorons les résultats auxquels ont donné lieu les expériences faites à Spanberg; M. Schilling a proposé à la direction de l'arsenal du grand-duché de Hesse-Darmstadt le modèle représenté dans les fig. 15 et 16, et qui offre de l'intérêt sous plus d'un rapport.

Voici les principales dimensions du *fusil Schilling*, du calibre de 10^{mm},5 : longueur avec baïonnette triangulaire ordinaire, 1^m,86, et sans cette dernière, 1^m,35 ; longueur : du canon, 86^c,5 ; du grand cylindre de mécanisme, 17^c,9 ; du canon avec mécanisme, 1^m,015. L'âme est rayée comme dans le système Withworth, mais à huit côtés et un pas d'hélice de 47 centimètres. La détente se trouve à 35 centimètres, la hausse fixe à 59^c,5 et le centre de gravité (sans la baïonnette) à 61^c,5 du milieu de la plaque de couche. Les diamètres du canon comportent : 28^{mm},2 en avant du grand cylindre et 18^{mm},2 à la bouche, celui du grand cylindre est de 33^{mm},5 à son extrémité antérieure.

L'arme pèse 5^k,472 avec baïonnette et 5^k,122

sans elle; et 4ᵏ,750 sans baguette, baïonnette ni anneaux; son poids est donc trop fort. Le canon se fixe à la monture comme dans le système anglais, au moyen de trois anneaux à vis, et l'extrémité de cette monture porte une garniture en fer; le guidon sert de tenon à la baïonnette; hausse Gabel hessoise avec but en blanc à 300 pas.

Le système de fermeture tient à la fois du mode d'obturation de la carabine et de celui du fusil prussien, en ce qu'il y a également une chambre à air assez profonde, et en ce que le ressort en spirale, un peu moins en arrière, est renfermé à sa partie antérieure dans un petit tube garni de ressauts. L'obturateur est construit d'après les principes du système Dœrsch et Baumgarten (fig. 17); le bouton occupe la partie postérieure; l'obturateur porte deux ailettes prismatiques placées aux extrémités d'un même diamètre et dont les surfaces inclinées répondent à un pas de vis de 6 millimètres de hauteur. Dans les mouvements de va-et-vient de l'obturateur, ces ailettes s'engagent dans deux canaux latéraux pratiqués dans le grand cylindre, suivant un plan horizontal, et s'arrêtent lorsque l'obturateur a terminé sa course dans deux entailles carrées placées à l'extrémité antérieure de ces canaux. Dans les fig. 15 et 16, on ne voit qu'une entaille, le canal latéral qui y aboutit est invisible, son bord supérieur se confondant avec l'arête de la monture. Les canaux latéraux du grand cylindre sont munis à leur partie postérieure de deux vis (dont on distingue les écrous sur les fig. 15 et 16) destinées à arrêter l'obturateur et l'empêcher de

sortir de son logement lors des mouvements de recul.
M. Schilling modifiera sans doute ce système d'arrêtoir
imparfait et compliqué, et remplacera les deux vis par
un anneau solide adapté au bout du grand cylindre.
L'obturateur mesure 169 millimètres en longueur et
49ᵐᵐ,5 en diamètre extérieur ; on peut défaire son embouchure ainsi que le talon de l'aiguille, ce qui facilite
le nettoyage et les réparations à faire au mécanisme.
L'entaille inférieure, dans laquelle s'engage la gâchette,
a 59 millimètres de longueur (1) ; l'obturateur parcourt
dans le grand cylindre un chemin de 54 millimètres
(longueur de la cartouche, 61 millimètres ; du culasse,
41 millimètres). Le petit tube contenant le mécanisme
est long de 150 millimètres, depuis la tête du boudin
de l'aiguille jusqu'à la partie postérieure du talon servant de point d'appui au pouce ; il n'a que 13 millimètres de diamètre et pèse, avec les accessoires,
110 grammes, dont 35 pour le boudin et son aiguille
et 5 grammes pour le ressort en spirale. Ce dernier
fait 50 tours et mesure 105 millimètres de hauteur à
l'état libre, 79 dans le petit tube et 54 lorsqu'il est
comprimé.

Quoique d'une construction ingénieuse, cette arme
est susceptible d'améliorations, au dire même de l'inventeur. La grande légèreté qu'on a pu donner aux
différentes parties du mécanisme, grâce à la réduction
du calibre, est contre-balancée par l'énorme épaisseur

---

(1) On a dû ménager la longueur de cette entaille sur le devant,
afin de donner une solidité suffisante à la partie de l'obturateur qui
porte les ailettes.

du canon, dont le diamètre à la partie postérieure ne doit pas dépasser 25 millimètres. La distance qui sépare le bouton des ailettes (tant dans le sens longitudinal que dans le sens latéral) est trop grande et peu favorable au jeu de fermeture. L'hélice a un pas trop fort et la section polygonale de l'âme se prête moins bien à la rotation régulière de la balle que celle des rayures ordinaires.

La figure 18 représente la cartouche, dont les dimensions sont exceptionnellement indiquées en points (quarts de millimètre). La balle pèse 17^{gr},5, le sabot, 1^{gr},8, et la charge 2^{gr},65. L'aiguille a dans l'intérieur de la cartouche une course de 26 millimètres à parcourir avant de venir percer l'amorce fulminante.

On se trouve encore une fois ici en face des difficultés sérieuses qui s'opposent à l'introduction du petit calibre et que le modèle précédent n'a pu vaincre entièrement. Afin de rester dans les limites fixées pour la longueur du mécanisme et par suite celle de l'étui de la cartouche, la quantité de poudre de cette dernière fut réglée à 2^{gr},5/8. Il fallut également se servir d'une poudre très-fine, ce qui n'est pas encore généralement adopté dans les armées.

Le sabot de la cartouche représentée fig. 18 se compose d'un cylindre plein, fait avec des bandes de papier légèrement collé de même hauteur que le sabot et soumis à une pression à l'état humide ; le bord supérieur est dépourvu de fentes, ce qui ne constitue pas un progrès, et il eût mieux valu se servir de cylindres creux, plus longs, et munis de quatre à six rangées de fentes à la partie antérieure.

L'amorce fulminante renferme 3 parties de chlorate de potasse et 2 de sulfure d'antimoine. On verse sur l'antimoine pulvérisé de l'esprit-de-vin, de manière à former une épaisse pâte qu'on laisse sécher; on pile de nouveau ce produit, afin de pouvoir le mélanger avec le chlorate de potasse réduit en poudre, et l'on y ajoute de l'eau légèrement gommée. On répand la pâte ainsi obtenue sur des planches percées de trous qui servent à former les amorces; il importe de bien sécher ces dernières avant de s'en servir.

Le fusil Schilling, dont la description précède, n'est qu'un premier progrès réalisé par la célèbre fabrique de ce nom dans ses intéressantes recherches tendant à créer un fusil à aiguille de petit calibre; peut-être, à l'heure qu'il est, a-t-on obtenu des résultats encore plus satisfaisants. Faute d'autres données, nous nous bornerons à observer que cette arme, sans avoir pu trancher la difficulté de la question actuelle, n'en mérite pas moins une attention particulière dans la marche à suivre pour aboutir à une solution satisfaisante. La quantité de poudre contenue dans la cartouche représentée fig. 18 est trop faible pour permettre d'obtenir les meilleurs résultats dans le tir.

CHAPITRE VIII.

DU FUSIL A AIGUILLE DU PLUS PETIT CALIBRE.

Rien ne donne à croire qu'avec une faible charge de poudre uniforme, l'arme à feu se chargeant par la culasse, quelle que soit sa forme, puisse imprimer une meilleure vitesse initiale à la balle que le fusil de même calibre qui se charge par la bouche dans les mêmes conditions.

Une charge de poudre du poids de 4 grammes, comme il conviendrait de donner au plus petit calibre, et par conséquent à un projectile pesant environ 17 grammes, occupe dans l'étui de la cartouche des hauteurs respectives de 35, 42 et 51 millimètres ; en supposant que le poids spécifique de la mesure de poudre soit égale à 1, les diamètres correspondants seraient de 12, 14 et 10 millimètres. Ceci constitue à peu près le seul obstacle sérieux que l'on ait à surmonter dans la création de la nouvelle arme à feu. A l'inconvénient d'une cartouche trop longue s'ajoute celui de la faible résistance qu'offre un étui fort long et fait en papier.

Les difficultés précédentes s'aplaniraient peut-être, grâce à l'emploi de charges comprimées, dans lesquelles on réduirait une certaine quantité de poudre aux 3/5es de son volume ordinaire ; les autres avantages de ce procédé consisteraient dans un développement suffisant de gaz, même avec une plus faible quantité de poudre et dans une diminution considérable du recul de l'arme, car la combustion s'opérerait dans de meilleures conditions (1) et l'étui de cartouche deviendrait superflu. A côté de ces avantages il existe des inconvénients quand on songe, d'une part, que les facilités de transport de la poudre comprimée n'ont pas été suffisamment sanctionnées par l'expérience, surtout dans le cas où les cartouches se trouvent placées de champ dans les caisses, et d'autre part qu'il faut tenir compte des difficultés qu'engendrent le placement de l'amorce et la direction à donner à l'aiguille. Les derniers essais faits en Amérique, en Angleterre et en Allemagne, nous apprennent que l'on avait placé invariablement l'amorce au culot de la cartouche (dans un petit étui en carton ou en fer-blanc) ; ce procédé permettrait de raccourcir considérablement le mécanisme et de remplacer l'aiguille soit par un marteau, soit par un levier ou une tige. La fig. 19 montre un

(1) D'après de récentes analyses faites par différents chimistes sous les yeux des administrateurs de l'arsenal du grand-duché de Hesse, la poudre contiendrait de 0,8 à 1 pour 100 d'eau, laquelle disparaît à peu près entièrement lors d'une compression (faite à une température de 100 degrés centigrades), tandis que le soufre à l'état demi-fondu adhère entre eux les grains aplatis. Au moment de l'inflammation, le cylindre ou bâton ainsi obtenu, se divise de nouveau en une foule de grains qui, en vertu de leur forme aplatie, se consument promptement. On pourrait renfermer le cylindre comprimé dans une enveloppe de poudre-coton trempée dans une solution d'éther, en ayant soin de régler la dose de salpêtre de manière à rendre cette enveloppe non pas précisément explosible, mais fortement inflammable et susceptible de se détruire en entier.

étui imaginé par MM. Dœrsch et Baumgarten, lequel porte à sa partie inférieure l'amorce renfermée dans un petit entonnoir maintenu au moyen d'un double culot en papier. Le résultat qu'on obtint ne parut pas satisfaisant ; la colonne de poudre se trouve isolée et n'offre pas une résistance suffisante au choc ; de plus, le recul devient plus considérable par suite de l'admission d'un nouveau corps qui laisse après chaque coup des débris qu'il faut extraire du canon. Les moyens que l'on vient d'indiquer et d'autres du même genre auxquels on pourrait avoir recours n'en méritent pas moins de fixer l'attention. Les supports d'amorces de forme conique, représentés dans la figure 20 et placés soit aux culots des balles, soit à ceux des sabots, dans le but de porter l'amorce en arrière, offrent moins de ressources.

En admettant que les cartouches comprimées deviennent praticables, rien n'empêchera de placer à leur base l'amorce fulminante, en ayant soin de munir celle-ci d'un étui léger.

La question de la poudre se lie ainsi intimement à celle où l'on se propose de réaliser la meilleure arme à feu se chargeant par la culasse ; néanmoins il ressort des considérations précédentes que la dernière question occupe, dans les recherches à faire à cet égard, une place plus importante que la première.

Dans le volume II de nos Nouvelles Études et dans d'autres publications, nous avons indiqué la marche à suivre pour fabriquer des cartouches courtes au moyen de balles de petit calibre et de poudre ordinaire.

La figure 24 montre comme projet une forme de sabot qui paraîtrait exiger un large évidement servant de logement à la cartouche avec un calibre d'âme de faible diamètre. On donnerait, par exemple, $16^{mm}.2$ à la distance *ab* et $12^{mm}.75$ à celle *cd* qui est égale à *ef*; on pourrait se servir d'une balle oblongue du calibre de $11^{mm},25$; l'âme serait du calibre de 12 millimètres et le diamètre du logement de la cartouche aurait $17^{mm},5$. Le raccordement de l'âme avec la chambre devrait avoir au moins la longueur *ae*; les rayures de 4 millimètres de profondeur augmenteraient progressivement à 25 millimètres en avant du raccordement et se perdraient un peu en avant de *a* dans la surface conique, afin de faciliter et régulariser le forcement de la partie postérieure et conique du sabot. L'étui de la cartouche étant étranglé en *cd*, il se produirait sans doute des plis au second étranglement (en avant de la balle), ce qui forcerait de recourir à une nouvelle bande de papier pour terminer la partie antérieure de la cartouche (correspondant à la tête du projectile).

Tout en recommandant aux hommes spéciaux ces projets, susceptibles de maintes modifications, nous convenons qu'ils sont loin de résoudre la question relative au calibre et ne constituent, dans le cas le plus favorable, qu'une bonne ressource. On est parti d'un calibre d'âme de 12 millimètres, et la différence entre *ab* et *cd* ne devrait peut-être pas atteindre les dimensions données dans la figure 24. D'un autre côté, il convient de considérer que chaque millimètre donné en plus au diamètre de l'étui de la cartouche constituera un véritable progrès. Il importe également de ne pas exagérer la profondeur de l'évidement (servant de logement à la balle) avec un sabot, tel que celui de la figure 21, ou un autre d'une conformation analogue ; ce sabot devra en outre avoir la forme d'un tampon conique pour recevoir l'amorce et opérer la liaison entre un projectile long et mince et l'étui renforcé. Un étui conique conviendrait peut-être mieux qu'il ne le semble en apparence.

Les modifications dont il vient d'être question comportent en elles moins d'importance que celles qui se rattachent aux améliorations à introduire dans le mécanisme d'obturation et qui, sans exiger le déplacement de l'amorce, se bornent au raccourcissement de l'aiguille et au moyen de substituer à cette dernière une tige douée d'une plus grande résistance. Les principes de construction que nous avons exposés dans le chapitre IV, permettent de juger des transformations qu'il y aurait lieu de faire dans cette circonstance. Le simple bon sens indique qu'il conviendrait de faire abstraction de l'une des *longueurs fondamentales* du mécanisme prussien en faisant agir la tige ou l'aiguille tronquée, non dans le sens de l'axe du canon, mais suivant un rayon ; il suffirait d'adapter cette tige soit sur le côté, soit en dessous du mécanisme. On viserait également au moyen d'appliquer l'amorce soit à la base de la colonne de poudre, soit au culot d'un sabot de forme prussienne, la tige étant susceptible de prendre l'une ou l'autre direction.

Parmi les modèles d'armes qui appartiennent à la

première catégorie (et qui rappellent le système **Lefau-cheux**), nous citerons le fusil de M. **Hügel**, dont la cartouche contient une petite amorce située au milieu d'une rondelle en carton adaptée à la base de la colonne de poudre; la tige se meut de bas en haut; elle passe facilement entre les couches parallèles du carton de la rondelle et, ainsi que le constatent les résultats des expériences, ne manque pas de rencontrer l'amorce, malgré le faible diamètre de celle-ci. Comme la rondelle en carton ne se consume pas dans le tir, il faut l'extraire du canon après chaque coup ou la pousser en avant, de manière à l'utiliser pour le nettoyage de l'âme.

Le nouveau fusil de M. **Edouard Lindner**, dans lequel l'inflammation est provoquée par une tige qui frappe contre l'amorce fulminante, appartient aux armes de la seconde catégorie. La cartouche de ce second système Lindner contient soit une balle oblongue munie du sabot prussien, soit, dans le cas où l'on fait usage de fusils d'un petit calibre, un projectile plein, de forme cylindro-ogivale, portant à sa base un sabot tronqué. Dans chacun de ces systèmes, le culot du sabot possède l'amorce sous forme d'un disque cylindrique d'un diamètre assez considérable; grâce à cette disposition, la tige, placée en-dessous du mécanisme, traverse facilement la paroi peu épaisse qui garnit le pourtour de l'amorce. Le mécanisme d'obturation de ce système ne laisse rien à désirer au point de vue de la solidité. La chambre mobile du système prussien est remplacée ici par un tampon plein, garni à sa partie antérieure d'une pièce d'obturation, douée d'une certaine élasticité et pénétrant dans l'âme. La surface supérieure de ce tampon est munie d'une série de filets de vis, lesquels viennent, lors d'un léger mouvement imprimé au tampon, s'appliquer contre les parties correspondantes de l'écrou de culasse. Le bouton occupe, comme dans les fusils Baumgarten et Schilling, la partie postérieure du tampon, ce qui n'offre aucun inconvénient dans ce genre de fermeture. La tige qui provoque l'inflammation en frappant contre l'amorce est adaptée au mécanisme de la même manière que la gâchette dans le système prussien. En éliminant ainsi une des longueurs fondamentales de ce dernier (le trop long chemin que l'aiguille parcourt), on ne fait qu'augmenter les exigences relatives à l'autre longueur fondamentale, c'est-à-dire les hauteurs à donner aux cartouches de petit calibre. Les résultats d'expériences devront constater si les étuis longs offrent des garanties suffisantes comme résistance, quoiqu'ils soient plus courts que les étuis doubles de la cartouche suisse. Nous remarquerons que l'on pourrait réduire considérablement la hauteur de la colonne de poudre sans recourir aux moyens de compression, en ayant soin, avant de placer la balle, d'imprimer, à l'aide d'un simple appareil, des secousses à l'étui rempli de poudre, de manière à tasser davantage cette dernière.

Grâce à sa forme très-convenable, la cartouche, représentée dans la figure 18, se prêterait bien à un raccourcissement dans le cas où la charge serait forte, et, malgré un vent de $0^{mm},4$, elle pénétrerait directement dans les rayures, en raison de l'agrandissement de son diamètre. Un sabot tronqué, muni d'un petit évidement destiné à recevoir la partie amincie de la balle, suffirait également pour opérer le forcement, et pourrait servir en outre à porter l'amorce et à nettoyer l'âme. Enfin rien ne s'oppose à ce que l'on expérimente des balles longues et cylindriques, dont la base porterait le sabot soit directement, soit dans un petit évidement conique, de manière à faire remplir à ce sabot l'office d'un culot.

Le rapport du poids de la balle au diamètre de sa section transversale sera toujours la condition essentielle de l'efficacité du tir ; la forme du projectile ne marche qu'en seconde ligne. Ceci s'applique tout spécialement au petit calibre, et un projectile de ce genre aminci à sa partie postérieure, comme celui que la figure 18 représente, donnera, à vitesse initiale égale, de plus petits angles de chute que la balle cylindrique. Un projectile d'une longueur de 2,5 à 2,8 calibres, peu aminci vers sa partie postérieure et muni d'un sabot court et peu évasé, aura un mouvement de rotation aussi régulier qu'une balle cylindrique longue. En donnant la préférence à cette dernière, il conviendrait d'autant plus de faire abstraction d'une forte pénétration du plomb dans les rayures (par conséquent, d'une différence entre le calibre du projectile et celui de l'âme), que la vitesse initiale devient un maximum (de 450 à 470 mètres), dans le cas seulement où la marche du projectile dans les rayures est lente.

Toutes les difficultés que l'on vient de signaler sont faciles à surmonter, en considérant que les progrès techniques de notre époque ont tracé les principes fondamentaux si importants, sur lesquels repose la construction du fusil du plus petit calibre se chargeant par la culasse. Tout dépend des épreuves définitives, et celles-ci seront bientôt couronnées de succès, si l'on s'attache à les exécuter sur une grande échelle et avec les ressources suffisantes.

CHAPITRE IX.

RÉSUMÉ.

Les brillants résultats obtenus avec le fusil prussien ont fait ressortir avec une telle évidence les avantages qui se rattachent au système de chargement par la culasse, avantages déjà suffisamment constatés par les données des épreuves faites en temps de paix, qu'ils paraissent incontestables.

Un fait qui prouve en faveur de ces résultats, c'est qu'ils ont été atteints sous les yeux de la critique militaire du continent, et se sont confirmés d'une manière toute spéciale au milieu des circonstances de la guerre. Les braves et circonspects camarades de l'armée impériale, que l'on ne peut certainement pas accuser de partialité pour le fusil à aiguille prussien, ne manqueront pas d'émettre, à propos de cette arme, une opinion fondée sur les services qu'elle a rendus dans la dernière campagne. Nous ne croyons pas nous tromper en admettant que leur jugement sera souverainement favorable au fusil en question. (Il suffit, pour s'en convaincre, de consulter les derniers articles de la presse militaire autrichienne, et tout particulièrement l'intéressant rapport de Ld... qui a paru, il y a peu de temps, dans la *Gazette militaire* autrichienne.) Il est bon de faire remarquer que le fusil autrichien qui se charge par la bouche, malgré quelques défauts inhérents, peut se ranger au nombre des bonnes armes à feu de ce système, et que l'occasion était favorable pour faire un parallèle entre les deux principes de chargement.

En second lieu, il importe, pour rendre pleine justice au fusil prussien, de constater que les résultats auxquels il a donné lieu ont été obtenus dans des circonstances extrêmement contraires au but de faire ressortir la supériorité de cette arme. Dans presque tous les engagements, l'infanterie prussienne dut lutter contre un ennemi retranché et essuyer son feu. Même dans les cas les plus favorables, il fallut chasser successivement l'adversaire des plis du terrain (tels que Knicks et autres), et répéter les coups de main contre les retranchements, en admettant même que l'assaillant pût riposter par quelques coups de canon aux nombreux feux partis des ouvrages danois. Les glorieuses opérations dirigées contre Düppel et Alsen eurent lieu dans des conditions analogues, ce qui paralysa complétement l'efficacité du tir de l'infanterie prussienne.

Or, comme le résumé des pertes essuyées de part et d'autre, et particulièrement de celles causées par les feux d'infanterie, accuse en moyenne de trois à cinq victimes danoises tombées sous les balles prussiennes contre une victime prussienne sacrifiée aux balles ennemies, nous en concluons que ces résultats font présumer ceux que l'on obtiendrait en bataille rangée. Nul doute que le feu rapide exécuté en rase campagne ajoutera encore davantage à la supériorité de cette arme. Grâce à l'expérience acquise, il est probable qu'à une époque plus ou moins rapprochée, on entendra par arme à feu portative propre à la guerre, et se chargeant par la culasse, par arme à feu efficace, se chargeant par la culasse au moyen d'une cartouche spéciale, et enfin par arme à feu supérieure et du même système de chargement, celle du plus petit calibre.

Dans les chapitres I, II, IV et VI, nous avons signalé les défauts inhérents au fusil à aiguille, et qui consistent dans son trop fort calibre, dans sa hausse incommode et compliquée, et dans l'action imparfaite des gaz de la poudre; à ces trois points capitaux il conviendrait d'ajouter l'inconvénient des rayures trop profondes et celui d'un pas d'hélice exagéré (1). On peut en général considérer l'efficacité de tir du fusil à aiguille actuel comme moyenne ou ordinaire et non comme supérieure.

D'un autre côté, les considérations, faites relativement au parti que l'on peut tirer du fusil à aiguille dans la tactique, ont conduit à admettre que les nouveaux fusils actuels ont déjà acquis, sous ce rapport, une supériorité si grande, qu'elle compense les imperfections de toutes espèces qu'on reproche à ces armes. Nous observons, en outre, que le progrès le plus sensible qui ait été fait jusqu'à ce jour dans l'arme à feu se chargeant par la bouche, savoir, *l'adoption du petit calibre*, est dû non à quelque grande puissance mili-

(1) Le forcement par le sabot exige en général un pas d'hélice un peu plus fort; un tour sur 95 centimètres paraît plus favorable au calibre de 15,4 centimètres que le pas de 73 centimètres, qui conviendrait davantage au fusil de petit calibre.

taire, mais à un État secondaire et neutre. Cette supériorité repose, en outre, sur ce fait que les imperfections du mécanisme, tout en méritant de fixer l'attention, ne sont pas de nature à rendre cette arme impropre à une grande guerre. La campagne du Sleswig a prouvé que le fusil prussien est susceptible, grâce à un entretien convenable, de se conserver en bon état au milieu des circonstances les plus défavorables de la guerre, telles que le mauvais temps, les cantonnements, etc., et que sa cartouche ne laisse rien à désirer tant sous le rapport de la facilité de transport que sous celui de la conservation.

Nous avons démontré dans le chapitre Ier qu'il est indispensable, pour faire tourner au profit de la tactique les éminents avantages qui se rattachent à l'arme à feu se chargeant par la culasse, d'adopter une cartouche légère et un équipement bien approprié.

Il importe donc de substituer à l'excédant de bagage, si nuisible au soldat en campagne, un plus grand approvisionnement de cartouches qui compensera l'infériorité du fantassin dans l'action.

Les adversaires même des principes qui militent en faveur d'une transformation complète de l'armement seront forcés de convenir que les améliorations introduites jusqu'à ce jour dans l'équipement du soldat ont permis d'augmenter de 2 ou 3 livres de plus qu'autrefois le poids de la quantité de cartouches.

On doit assurer par tous les moyens possibles les facilités pour transporter les cartouches, les défaire et les saisir. Il conviendrait, suivant la coutume consacréé par quelques peuples guerriers, d'attacher une partie de la réserve en cartouches à la poitrine du soldat (soit à la capote, soit éventuellement au manteau). Rien n'empêcherait de garnir les vêtements de fortes poches en cuir faciles à ouvrir, afin de mettre le fantassin à même d'en extraire promptement les munitions pendant le feu, jusqu'au jour où l'on suppléera à ces expédients provisoires par un équipement mieux entendu. Nous avons également insisté sur la nécessité d'approprier le havre-sac au transport des cartouches.

En campagne, l'approvisionnement journalier du soldat devra se composer de cent à cent vingt cartouches ; dans les cas actuels, tout ce qui tend à augmenter la quantité de munitions sera déjà d'un grand prix. Ainsi qu'il ressort du chapitre VII, on pourrait, sans nuire à la probabilité du tir, réduire le poids de la cartouche du fusil à aiguille prussien d'environ 12 grammes, c'est-à-dire d'au moins 25 pour 100. La force de percussion d'une balle du poids d'environ 20 grammes, munie d'un sabot renforcé et lancée avec un fusil du calibre de 15^{mm},4, différerait, à notre avis, peu de celle du projectile actuel ; relativement aux espaces battus, on pourrait se contenter d'une balle de 17 grammes. Il appartiendrait, suivant nous, aux contingents des 1er, 2e, 3e, 7e, 8e et 9e corps de la Confédération de faire sans retard, et autant que possible en commun, des recherches ayant pour but de créer un fusil à aiguille perfectionné, supérieur à celui des Prussiens, du plus petit calibre et destiné à lancer une balle très-légère ; l'occasion serait favorable, au point de vue technique, de se mettre en bonne harmonie avec la Prusse.

Les conventions faites entre les contingents de l'Allemagne du Sud relativement à l'admission d'un nouveau calibre aboutiront prochainement à une transformation du fusil se chargeant par la bouche; l'intérêt général y gagnerait encore si l'on agissait d'un commun accord dans cette opération.

Il serait à désirer que l'on procédât avec les mêmes dispositions conciliantes dans l'adoption d'une cartouche spéciale, et qu'il n'y eût pour tous les contingents qu'un même modèle contenant l'amorce. Dût-on conserver la capsule et se borner à réaliser un système de chargement par la culasse peu coûteux et sûr, cette bonne entente n'en tournerait pas moins au profit de tous.

TABLE DES MATIÈRES.

FIN DE LA TABLE DES MATIÈRES.

Paris.—Imprimerie de E. MARTINET, rue Mignon, 2.

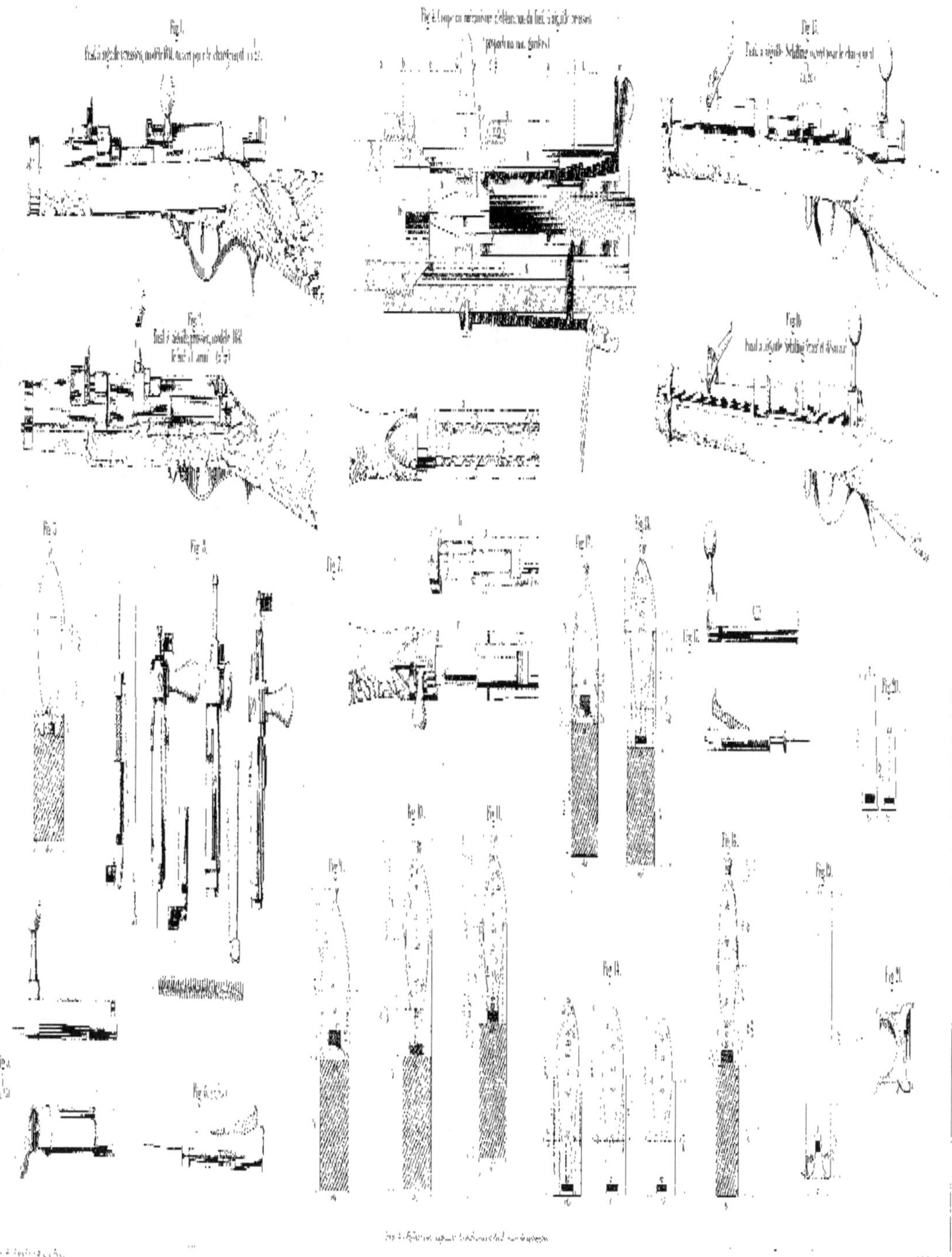